LA VIEILLESSE : VOIE D'ÉVITEMENT...

OU *VOIE D'AVENIR* ?

Le vieillissement et la santé mentale

R. Champagne, P. Ladouceur, H. de Ravinel,
J. Stryckman, avec le concours de D. Paul

LA VIEILLESSE : VOIE D'ÉVITEMENT...

OU *VOIE D'AVENIR ?*

Le vieillissement et la santé mentale

**gaëtan morin
éditeur**

**Le Comité
de la santé
mentale du
Québec**

(CSMQ)

Données de catalogage avant publication (Canada)

Vedette principale au titre :

La vieillesse : voie d'évitement... ou voie d'avenir ? – Le vieillissement et la santé mentale

Publ. en collab. avec : Comité de la santé mentale du Québec.

Comprend des réf. bibliogr. et un index.

ISBN 2-89105-467-9

1. Personnes âgées – Santé mentale – Québec (Province). 2. Vieillissement – Québec (Province). 3. Personnes âgées – Québec (Province) – Conditions sociales. 4. Personnes âgées – Santé mentale, Services de – Québec (Province). 5. Santé mentale, Services de – Québec (Province) I. Champagne, Raymond. II. Comité de la santé mentale du Québec.

RA790.7.C3V53 1992   362.2'084'6   C92-097151-2

gaëtan morin éditeur

C.P. 180, BOUCHERVILLE, QUÉBEC, CANADA
J4B 5E6   TÉL. : (514) 449-2369   TÉLÉC. : (514) 449-1096

Dépôt légal 4ᵉ trimestre 1992
Bibliothèque nationale du Québec
Bibliothèque nationale du Canada

© gaëtan morin éditeur ltée, 1992
Tous droits réservés

1 2 3 4 5 6 7 8 9 0   G M E 9 2   1 0 9 8 7 6 5 4 3 2

Révision linguistique : Gaétane Trempe

Photographies
Couverture arrière : Jean Mongrain (MSSS)
Pages XVIII, 6,18,
        42 et 68 : Gaétan Fortin (MSSS)

Notes sur les membres du Groupe de travail

Raymond Champagne, D.Sc.Éd., psychologue, a été, durant la préparation de cet ouvrage, directeur du Module de psychologie et responsable du certificat en gérontologie, puis doyen des études de premier cycle à l'Université du Québec à Trois-Rivières; il est retraité depuis janvier 1992 et occupe le poste de président de l'Association québécoise de gérontologie.

Paule Ladouceur est médecin au secteur gérontologie du Département de santé communautaire de l'hôpital du Saint-Sacrement de Québec, médecin au Foyer St-Brigid de Sillery et présidente de l'Association québécoise de gérontologie pour la région de Québec.

Hubert de Ravinel, andragogue et écrivain, cofondateur et ex-directeur du mouvement « Les petits frères des pauvres » de Montréal, est consultant en gérontologie et professeur au Collège Marie-Victorin de Montréal.

Judith Stryckman, experte en anthropologie et en gérontologie, est chef de recherche et de développement de politiques au Conseil consultatif national sur le troisième âge.

Denise Paul, infirmière, docteure en éducation, est professeure au Département des sciences infirmières de la Faculté de médecine de l'Université de Sherbrooke et membre du Comité de la santé mentale du Québec.

Remerciements

Plus de deux ans de travail en équipe exige beaucoup de générosité, d'abnégation et de patience. Ces qualités, alliées au respect de l'autre, je les ai retrouvées chez Paule, Denise, Judith et Hubert. Merci, chers amis.

Le travail précieux de madame Danielle Stanton aura permis au Groupe de travail de se sentir à l'aise avec le texte final. Nous lui exprimons notre gratitude.

Nous remercions également Manon Théolis, agente de recherche, pour son travail de synthèse d'une importante recherche bibliographique et des enregistrements des nombreuses rencontres.

Merci à Doris Hannigan, docteure en psychologie, pour son patient travail de concordance lors de la production des textes des quatre auteurs.

Toute notre reconnaissance à mesdames Louise Paul et Johanne Comtois, secrétaires au Décanat des études de premier cycle de l'Université du Québec à Trois-Rivières, pour leur professionnalisme.

Nous tenons aussi à remercier bien sincèrement monsieur Pierre Vendette, secrétaire du Comité de la santé mentale du Québec. En tout temps, il nous a conseillés, encouragés et soutenus.

Enfin, nous exprimons notre gratitude à tous nos collaborateurs. On en retrouvera la liste en annexe, avec le nom de l'organisme ou du groupe auquel ils appartiennent.

À tous ceux que nous aurions peut-être oublié de mentionner, nos excuses et notre reconnaissance.

Raymond Champagne
président du Groupe de travail
Mars 1992

Table des matières

Mandat et méthodologie

En mars 1989, le Comité de la santé mentale du Québec a constitué un groupe de travail pour **étudier les questions de promotion de la santé mentale et de prévention des problèmes mentaux chez les personnes âgées.**

Le mandat confié à ce groupe découlait de la politique québécoise de santé mentale adoptée en janvier 1989. Cette politique soulignait en effet que certains thèmes, dont celui des «effets du vieillissement de la population», méritaient une réflexion plus approfondie pour permettre d'élargir la perspective contenue dans ses pages, notamment en ce qui a trait à «l'établissement d'un équilibre entre, d'une part, les efforts à consentir pour la promotion de la santé mentale et la prévention et, d'autre part, les ressources consacrées au traitement et à la réadaptation».

Le Groupe de travail constitué était invité, dans cet esprit, à formuler ses recommandations dans le respect des orientations fondamentales de cette politique.

La recherche et la consultation

C'est une constatation bien établie en production scientifique que le même objet d'observation peut être scruté par plusieurs disciplines différentes en utilisant des schèmes conceptuels et des processus méthodologiques qui découlent de leurs traditions particulières.
Tremblay et Poirier, 1989.

La santé mentale, tout comme le vieillissement, recouvre un champ très large qui a fait l'objet de nombreuses études. Cette réalité a obligé le Groupe de travail à opter pour un cheminement permettant d'intégrer les résultats de recherche et les observations tant des personnes âgées que des intervenants qui les appuient. Il a également fallu prévoir l'intégration de données liées à divers aspects de ces questions.

Le Groupe a conséquemment adopté le devis suivant.

1. *La recherche bibliographique*

Beaucoup d'études ont été publiées sur la santé mentale des personnes âgées et sur les facteurs qui l'influencent. Le groupe de travail a ainsi recensé plus de 1 000 recherches à partir des 17 facteurs suivants jugés a priori importants pour la santé mentale d'une personne vieillissante.

- Aspect santé
  - la santé physique;
  - l'accès aux services;
  - l'usage de médicaments.
- Aspect psychologique
  - la confiance en soi;
  - la liberté;
  - l'acceptation et le respect de soi par les autres;
  - la spiritualité;
  - les attitudes face au vieillissement du corps;
  - la sécurité.
- Aspect social
  - la retraite;
  - la vie de couple ou affective;
  - la vie familiale;
  - la vie sociale;
  - l'entraide.
- Aspect matériel
  - le transport;
  - l'habitation;
  - l'argent.

L'imposante recension produite a été déposée à notre demande, pour consultation, au Service de documentation du ministère de la Santé et des Services sociaux[1].

---

1. THÉOLIS, M., «Sous-comité de la santé mentale et du vieillissement – Travaux préparatoires au rapport du groupe d'experts», document reprographié, août 1990, 432 pages.

2. *La consultation auprès des personnes âgées et des intervenants*

Pour dégager les principaux facteurs qui influent sur la santé mentale des aînés, le Groupe de travail n'a pas voulu se limiter à la recherche scientifique. Aussi a-t-il tenu à consulter des personnes âgées et des intervenants qui sont concernés.

L'objectif de la consultation a été de connaître le point de vue des personnes âgées et celui d'un certain nombre d'organismes d'intervention et de recherche sur la pertinence des 17 facteurs retenus et énumérés précédemment. Ainsi, 15 groupes de personnes âgées de différentes régions du Québec furent rencontrés, de même que 29 regroupements d'organismes représentatifs et une quinzaine de chercheurs québécois et européens.

Toutes les discussions furent enregistrées. Le texte de la recension déposée au Service de documentation du ministère de la Santé et des Services sociaux contient, en annexe, les comptes rendus des rencontres tenues et les tableaux-synthèses de l'évaluation des facteurs pouvant influer sur la santé mentale des personnes âgées. Il contient également les comptes rendus des rencontres tenues avec les regroupements d'organismes et les chercheurs.

Toutes ces données se sont révélées fort précieuses pour le Groupe de travail.

3. *Les facteurs retenus*

L'analyse des résultats de la recension produite et de la consultation réalisée a démontré que 9 des 17 facteurs jugés importants pour la santé mentale d'une personne vieillissante l'étaient réellement. Les facteurs finalement retenus par le Groupe de travail ont donc été les suivants.

– Facteurs de santé
  • la santé physique ;
  • l'accès aux services.
– Facteurs liés aux ressources personnelles
  • la confiance en soi ;
  • la liberté ;
  • l'acceptation et le respect de soi par les autres.

- Facteurs liés aux ressources sociales
  - la vie familiale;
  - l'entraide.
- Facteurs liés aux ressources matérielles
  - l'habitation;
  - l'argent.

Le présent rapport traite de chacun de ces facteurs.

«Il y a urgence de repenser le vieillissement, de lui redonner sa véritable signification.»

XIV

Avertissement

Dans cet ouvrage, le masculin est utilisé comme représentant des deux sexes, sans discrimination à l'égard des hommes et des femmes et dans le seul but d'alléger le texte.

Préface

Le Comité de la santé mentale du Québec a été officiellement convié à collaborer au développement de la politique québécoise de santé mentale, puis éventuellement à sa révision.

Une politique n'est jamais complète au moment de son adoption, et la nôtre, on le sait, doit être prioritairement complétée au chapitre de la promotion et de la prévention. Elle devra aussi être périodiquement revue et révisée pour tenir compte de l'évaluation de sa performance et de l'évolution des besoins, des connaissances et des valeurs au sein de notre société.

Le Comité a cru que le développement prioritaire de cette politique se ferait d'autant plus facilement que nous disposerions, au Québec, de propositions concrètes et fonctionnelles pour y procéder. C'est donc à la conception de telles propositions qu'ont entrepris de travailler ses membres. Ils l'ont fait en s'entourant notamment de six groupes d'experts pour l'étude, dans une perspective de promotion et de prévention, des questions suivantes :

– le vieillissement et la santé mentale ;
– la pauvreté et la santé mentale ;
– le travail et la santé mentale ;
– les communautés culturelles et la santé mentale ;
– les femmes et les hommes et la santé mentale ;
– les autochtones et la santé mentale.

Les rapports de ces groupes constitueront la première source des membres du Comité pour la formulation de propositions appropriées de développement de la politique de santé mentale.

En recevant et en publiant ce rapport de leur groupe d'experts sur le vieillissement et la santé mentale, les membres du Comité tiennent à remercier chaleureusement les auteurs **Raymond Champagne, Paule Ladouceur, Hubert de Ravinel et Judith Stryckman**. Ils ont, avec le concours d'un membre du Comité, **Denise Paul**, investi beaucoup d'efforts et d'énergie pour remplir le mandat qui leur avait été confié.

Les membres du Comité remercient aussi chaleureusement **Georges Aird et Daniel Thomas** qui, par leur appréciation de ce texte, ajoutent à sa qualité, à son intérêt et à son utilité.

Ce rapport et les évaluations qui l'accompagnent n'engagent que leurs auteurs. Le Comité de la santé mentale du Québec prendra position, lui, lors du dépôt de ses recommandations pour le développement de la politique de santé mentale.

Au moment de la publication de cet ouvrage, le Comité de la santé mentale du Québec est composé de :

- Roger Paquet, président
- Jean-François Saucier, vice-président
- Luc Blanchet
- Claude Bouchard
- Francine Dorion
- Hans Fleury
- Marie-Claire Laurendeau
- Denise Paul
- Vesta Wagener-Jobidon

Les groupes d'experts qui appuient le Comité sont composés comme suit.

1. Groupe d'experts sur le vieillissement :
   - Raymond Champagne, président
   - Paule Ladouceur
   - Hubert de Ravinel
   - Judith Stryckman
   - avec le concours de Denise Paul, membre du Comité.

2. Groupe d'experts sur la pauvreté :
   - Jean-Bernard Robichaud, président
   - Christine Colin
   - Lorraine Guay
   - Micheline Pothier
   - avec le concours de Jean-François Saucier, vice-président du Comité.

3. Groupe d'experts sur le travail :
   - Michel Vézina, président
   - Michelle Cousineau
   - Donna Mergler
   - Alain Vinet

- avec le concours de Marie-Claire Laurendeau, membre du Comité.

4. Groupe d'experts sur les communautés culturelles :
   - Gilles Bibeau, président
   - Alice M. Chan-Yip
   - Margaret Lock
   - Cécile Rousseau
   - Carlo Sterlin
   - avec le concours de Hans Fleury, membre du Comité.

5. Groupe d'experts sur les femmes et les hommes :
   - Nancy Guberman
   - Jacques Broué
   - Jocelyn Lindsay
   - Liliane Spector
   - avec le concours de Luc Blanchet et Francine Dorion, membres du Comité, et l'appui de France Fréchette agissant à titre d'animatrice-rédactrice auprès du groupe.

6. Groupe d'experts sur les autochtones :
   - Éric Gourdeau, coprésident
   - Bella H. Petawabano, coprésidente
   - Jacquelin Cossette
   - Francine Jourdain
   - Aani Palliser-Tulugak
   - avec le concours de Claude Bouchard, membre du Comité.

Enfin, Pierre Vendette exerce les fonctions de secrétaire du Comité ; il est appuyé dans son travail par Colombe Barbeau.

L'accroissement du nombre de personnes âgées et les progrès enregistrés en matière d'espérance de vie invitent à rechercher les avenues de prévention et de promotion les plus adaptées à la réalité de cette étape de la vie. Le présent ouvrage nous introduit au cœur des relations entre la santé mentale et le vieillissement.

Roger Paquet
président
Comité de la santé mentale du Québec

Introduction

Les questions relatives au vieillissement des individus et de la collectivité ne se sont pas toujours posées à la conscience des sociétés, comme c'est le cas aujourd'hui. En fait, ce n'est que vers la fin du XIXᵉ siècle que certains États commencèrent véritablement à prendre en considération les difficultés rencontrées par les personnes âgées. Les premières lois en faveur du troisième âge datent de cette époque. Mais il a fallu attendre jusque vers les années 50 pour que les chercheurs se penchent sur ces questions et que les premières «politiques de la vieillesse» voient le jour.

Depuis, l'espérance de vie a continué à augmenter, pendant que le taux de natalité baissait partout en Occident. De plus en plus de gens qui ont aujourd'hui 65 ans sont susceptibles d'atteindre la neuvième, voire la dixième décennie. Au Québec, les statistiques rappellent constamment que la population âgée augmente très rapidement. Ce vieillissement démographique accéléré, qui survient dans un contexte de précarité économique, risque d'augmenter les tensions sociales. Il suscite donc un intérêt sans précédent chez les gouvernants et les administrateurs publics.

L'augmentation des coûts de la santé peut paraître en effet préoccupante. Julien et Vermot-Desroches (1990) l'ont bien mis en évidence :

> *Le principal effet du vieillissement d'une population consiste dans l'augmentation du nombre de 75 ans et plus (surtout de celui de 85 ans et plus) ayant besoin de soins «lourds» et donc très coûteux.*

En fait, si le système actuel de santé et de services sociaux était simplement reproduit tel quel dans l'avenir, le Québec devrait alors faire face à des tensions sociales insoutenables. La réalité, c'est que le vieillissement de la population se superposera à d'autres tendances, notamment le progrès technologique et la transformation des réseaux de solidarité traditionnels (famille, Église). Il faut donc se rendre à l'évidence : «L'augmentation des dépenses de santé est inévitable, et toute réforme qui ne tient pas compte de ces tendances est vouée à l'échec» (Cappiello, 1991).

Cependant, le vieillissement n'est pas qu'un phénomène collectif, social. C'est également un processus intime vécu par l'individu. Malheureusement, plusieurs mythes subsistent sur le grand âge : les personnes âgées sont encore souvent classées comme une catégorie homogène ; la vieillesse est interprétée comme une perte, une défaillance, une diminution du potentiel. Ne faudrait-il pas plutôt, comme le soulignait Zuniga (1990) :

> [...] *savoir que vieillir ne prend pas son sens uniquement dans ses liens avec le mourir. Peut-être une vision plus consciente du vivre peut-elle mieux percevoir le vieillissement comme un processus de vie, avec un sens en soi, qui est fait de mort future, mais également de vie présente et passée, toujours vivante.*

Il est donc urgent de repenser le vieillissement, de le redéfinir, de le réinsérer dans l'existence, bref de lui redonner sa véritable signification.

Y aurait-il une prévention possible, non de la vieillesse, cette ultime étape de croissance, mais de certains drames qui marquent parfois cette étape ? Lors de l'inauguration de la Conférence latino-américaine de gérontologie à Bogota, en 1986, le président Bétancourt lançait à cet effet une invitation à tous : « La tâche urgente du futur immédiat est la découverte de la vieillesse, l'insertion positive de la vieillesse dans une société qui n'est pas préparée à l'accueillir. »

Voilà quelques questions d'importance qui, au départ, se sont imposées au Groupe de travail. Elles ont par la suite guidé ses réflexions tout au long des travaux.

Cinq idées directrices ont permis d'orienter la consultation et la recherche. Elles constituent les lignes de force, les principes directeurs de ce rapport.

1. *Prendre acte que nous vieillissons tous différemment, en continuité avec notre vie passée*

Certes, on ne peut nier l'inexorable déclin physique qui accompagne le passage des années, mais il est moins dramatique et surtout moins uniforme qu'on ne le pense. Les personnes âgées sont en fait très différentes entre elles. C'est que le processus du vieillissement varie d'un individu à l'autre, suivant un rythme propre à chacun qui se traduit dans les cellules, les organes et les systèmes. Ainsi, au fur et à mesure de l'avance en âge, l'être humain devient de plus en plus différencié et unique.

L'existence peut être assimilée à un continuum : l'individu interprète les nouvelles expériences qu'il vit en fonction de son passé et de sa culture. Mais, en général, les mêmes facteurs interagissent à tous les âges de la vie. Ainsi, l'influence des facteurs sociaux sur la santé mentale n'est pas propre aux personnes âgées: ces facteurs sont aussi souvent associés aux mêmes problèmes chez les plus jeunes. Chez l'enfant, le développement de la santé mentale peut être illustré par la notion d'expansion: espace de vie, autonomie, réalisation de soi. Chez beaucoup de personnes âgées, l'expansion se poursuit toujours, mais elle passe cette fois par l'intégration des expériences du passé. Les aînés vivent toutefois un plus grand nombre d'événements stressants (solitude, pertes affectives, maladie chronique...), souvent sans préparation ou modèle, ce qui en ferait, selon certains, un groupe à risque. Aussi, ces derniers s'étonnent-ils que les personnes âgées aient, malgré tout, si peu de problèmes de santé mentale (Zarit, 1980).

En définitive, plus nous vieillissons, plus nous restons fidèles à nous-même. À 75 ans, nous ressemblons beaucoup plus à ce que nous étions à 65 ans, ou même à 55 ans, qu'au voisin de 75 ans.

Par ailleurs, chacun vieillit dans un milieu particulier qui exige une adaptation constante. Continuité et changement caractérisent le développement de l'être humain, mais les deux ne sont pas opposés: selon Atchley (1989), le changement fait partie de la continuité pour autant qu'il se construise sur le passé de l'individu et en lien avec lui.

2. Renforcer l'estime de soi et la confiance en soi

Plusieurs facteurs favorisent la santé mentale: exercice d'un rôle social, sentiment de sécurité, bonne santé physique, relations sociales. Mais ils risquent de ne pas remplir leur fonction protectrice si l'individu n'y est pas attentif. Le Groupe de travail est convaincu que l'estime de soi, la confiance en soi sont des éléments fondamentaux dans le maintien de la santé mentale, particulièrement chez les personnes âgées.

Plus facile à dire qu'à faire? La vieillesse n'est-elle pas un âge où l'on subit plusieurs pertes? Certes, un soutien sera parfois nécessaire. Mais le grand âge est d'abord et avant tout celui de la maturité psychologique, sur laquelle il faut miser.

3. Maîtriser les événements de sa vie

La plupart des personnes âgées qui ont le sentiment d'exercer une influence sur les événements de leur vie éprouvent plus de satisfaction à vivre.

Au cours des étapes précédentes de sa vie, l'individu a souvent été habitué à ce que plusieurs personnes décident plus ou moins pour lui : ses parents d'abord, ses professeurs ensuite, puis ses patrons, son syndicat, sa corporation professionnelle. À la retraite, il devient davantage responsable de ses décisions, de son mode d'appartenance à la société, ou de sa réclusion. Mais il faut se rappeler que le vieillissement n'altère pas nécessairement le goût de réaliser des choses. La personne âgée, qu'elle vive à domicile ou en établissement, doit donc être encouragée à se prendre en main, à se percevoir d'abord comme son propre agent de bien-être physique et mental. Toutes les interventions doivent être orientées et coordonnées dans ce sens.

4. Participer à la vie du milieu

Les chercheurs soulignent l'importance du réseau de soutien social pour la santé mentale de l'individu. Bien que l'on ne connaisse pas vraiment les processus en cause, il ne fait plus aucun doute que des relations significatives peuvent agir comme «tampons» contre les événements stressants.

Une personne qui vieillit doit sentir qu'elle a encore sa place dans la société, dans son milieu, qu'elle y est appréciée, estimée. Les générations futures de personnes âgées seront perçues soit comme une richesse inestimable, soit comme un poids insupportable, selon que la société les intégrera ou non à la vie sociale, éducative, politique, culturelle. Une solidarité «par» et «pour» le troisième âge doit aussi être favorisée, dans le but de soutenir les comportements d'entraide entre personnes vieillissantes.

Le Groupe de travail estime que les aînés ont un rôle important à jouer dans la société, qu'ils ont des droits et des responsabilités envers la collectivité. Le sentiment d'être utile est à la base de la santé mentale. Durant les 30 dernières années, on a assisté à une «désappropriation» de certaines responsabilités des individus avec la montée de l'État-providence. Aujourd'hui, un travail de promotion s'impose, tant auprès des aînés que des autres groupes de la population, pour modifier certaines perceptions négatives à l'égard des générations actuelles de citoyens âgés.

5. Bénéficier d'un milieu de vie de qualité

Une situation financière précaire peut représenter une source de stress très importante pour la personne âgée. Le lien entre la pauvreté économique et la santé physique et mentale est depuis longtemps établi. C'est que la situation économique détermine en grande partie les conditions de vie, notamment le logement.

Le logement, tant en établissement que dans la communauté, doit répondre à certaines conditions pour favoriser la bonne santé mentale. Il doit permettre à la personne âgée:

- de bénéficier d'une qualité de vie satisfaisante, en continuité avec son passé;
- d'avoir accès aux ressources qui lui sont nécessaires;
- de se sentir en sécurité;
- de maximiser son autonomie.

La personne âgée, comme tout adulte, doit avoir le loisir de décider elle-même de son lieu de résidence. De nos jours, on «vend» de plus en plus de rêve, en offrant des habitations luxueuses avec bonheur garanti. Ailleurs, on propose plutôt des HLM qui obligent plusieurs personnes âgées à changer de milieu et à se séparer d'objets qui leur sont chers. Ces pressions, souvent bien orchestrées, ont parfois des conséquences funestes pour la santé mentale de la personne âgée. L'information adéquate doit ici prévaloir, de façon à favoriser les choix judicieux.

Les chapitres qui suivent reprennent les cinq idées-forces qui viennent d'être esquissées ici, à la lumière des divers facteurs qui influent sur la santé mentale. Des recommandations précises y sont également énoncées.

Quatre chapitres composent ce rapport. Ils traitent respectivement des questions suivantes:

- le point sur la notion de santé mentale;
- le vieillissement, la santé physique et la santé mentale;
- les ressources personnelles et la santé mentale;
- les facteurs liés à la situation de vie de la personne et les facteurs environnementaux.

«... préserver la dignité humaine et favoriser l'autonomie sociale de la personne âgée.»

1

La notion de santé mentale

Quelques chiffres permettent de mieux saisir l'ampleur des problèmes de santé mentale chez les personnes âgées. Mais on ne saurait limiter la réflexion à ce seul aspect particulier.

L'amélioration des connaissances a permis d'enrichir la notion de santé mentale au cours des dernières années. Le champ qu'elle recouvre maintenant intègre des préoccupations à la fois biologiques, psychologiques et sociales. En l'absence de définition reconnue et acceptée, il est d'abord nécessaire de déterminer l'objet d'étude.

1.1 L'AMPLEUR DES PROBLÈMES MENTAUX CHEZ LES PERSONNES ÂGÉES

Le nombre de journées d'hospitalisation en soins de courte durée pour troubles mentaux a augmenté au cours de la dernière décennie chez les personnes âgées. En 1989, ce nombre s'élevait à 344 jours pour 1 000 personnes, comparativement à 322/1 000 en 1984 et à 209,8/1 000 en 1980. Chez les femmes, le rapport s'élevait à 437 jours pour 1 000 personnes en 1989, à 391/1 000 en 1984 et à 239,2/1 000 en 1980 (Gauthier et Duchesne, 1991).

Sur le plan financier, les troubles mentaux occupaient le deuxième rang parmi tous les problèmes de santé, après les maladies de l'appareil circulatoire ; ils occasionnaient des dépenses de 174 millions de dollars, soit 12 % de l'ensemble des dépenses de santé pour cette tranche d'âge. La proportion est considérable quand on sait que le budget des services aux personnes âgées représente 37,4 % des dépenses totales de santé.

La consommation de médicaments, notamment de psychotropes, est également en hausse. En 1990, les personnes âgées ont reçu 584 799 ordonnances de psychotropes, dont 73 % étaient destinées aux femmes.

Les problèmes de santé mentale sont donc fréquents. Au-delà des coûts qu'ils génèrent, ces problèmes ont des répercussions importantes pour une personne sur le cours de son existence : ils altèrent sa qualité de vie, ils compromettent son autonomie et ses relations sociales, ils affectent ses proches.

Les chiffres sont sans doute fort éloquents. Mais peut-on mesurer l'indice de santé mentale des personnes âgées seulement à partir de statistiques sur les troubles mentaux ? La définition de la santé mentale doit-elle être restrictive et n'englober que la notion de maladie ? En d'autres mots, la santé mentale se limite-t-elle à l'absence de troubles mentaux ?

1.2 *UNE DÉFINITION DE LA SANTÉ MENTALE*

Le champ de la santé mentale s'est considérablement élargi au cours des 20 ou 30 dernières années. Cette ouverture n'est pas propre au Québec. En fait, le passage de la notion de maladie psychiatrique à celle de santé mentale se remarque dans la plupart des pays occidentaux. Aux États-Unis, il a inspiré la publication de *Action for Mental Health* (1961) et, au Canada, celle de *More for the Mind* (1959). On note une tendance similaire dans le champ de la santé en général, comme en témoigne la redéfinition des objectifs poursuivis par l'Organisation mondiale de la santé.

Le souci du gouvernement du Québec (MSSS, 1989) de doter sa politique de santé mentale d'un volet relatif aux personnes âgées se situe dans le cadre du projet universel de l'Organisation mondiale de la santé, qui souhaite, pour les populations de la planète un vieillissement gratifiant et une santé optimale pour le plus grand nombre (Hermanova, 1989).

Selon l'OMS, il est urgent de réexaminer la capacité des familles (des femmes en particulier) à offrir des soins, de redéfinir le rôle de la personne âgée dans la famille et la société et de reconsidérer les possibilités de la prise en charge des personnes vieillissantes par elles-mêmes. Dans cette optique, l'OMS propose que les programmes puissent favoriser le maintien des capacités physiques et mentales, la préservation de la dignité humaine et de l'autonomie sociale des personnes âgées et le renforcement de leurs liens avec leur famille et la collectivité.

Au cours des décennies précédentes, on insistait sur les stratégies à mettre en place pour assurer une lutte sur tous les fronts contre les maladies endémiques et infectieuses; aujourd'hui, on parle plutôt de la nécessité de viser la «santé pour tous en l'an 2000». Voilà l'objectif ultime proposé par l'OMS. Parallèlement, la définition de la santé s'est élargie pour recouvrir le bien-être à la fois physique, mental et social. Dès lors, les modes d'intervention sont appelés à s'ouvrir et à se diversifier.

Au Québec, les études menées par le Conseil des affaires sociales et de la famille (1984) ont permis de dépasser la simple notion d'«espérance de vie». Un nouvel instrument de mesure, l'«espérance de vie en bonne santé», amenait une redéfinition de l'ordre des priorités en matière de prévention et d'intervention.

L'élargissement de la notion de santé mentale et l'ouverture du champ d'action entraînent deux conséquences:
- d'une part, il devient difficile d'établir une démarcation nette entre santé et maladie;
- d'autre part, le lieu de ce départage n'est plus limité à l'individu seul: il implique la manière dont s'opère la rencontre entre l'individu et son milieu.

En préparation de la politique de santé mentale, et à la demande du ministre de la Santé et des Services sociaux, le Comité de la santé mentale du Québec (CSMQ) a élaboré un certain nombre d'avis. L'un d'eux, l'Avis sur la notion de la santé mentale, intitulé *La santé mentale: de la biologie à la culture*, a été publié en 1985. Le Groupe de travail y puise largement afin d'inscrire sa démarche dans le prolongement des travaux du CSMQ.

En mettant l'accent sur les conditions biologiques, psychologiques et contextuelles qui sous-tendent la santé mentale, les auteurs de l'Avis ont voulu échapper aux pièges d'une définition normative. Ils ont donc choisi de privilégier une perspective interactive, situant la santé mentale à la rencontre des conditions biologiques, développementales et contextuelles. Selon cette définition, le simple critère de la «bonne adaptation» est insuffisant pour définir la bonne santé mentale.

Les conclusions de l'Avis ont été reprises dans la politique. Ainsi, la santé mentale relèverait de trois axes organisateurs:
- un axe biologique qui a trait aux composantes génétiques et physiologiques;
- un axe psychodéveloppemental qui met l'accent sur les aspects affectif, cognitif et relationnel;
- un axe contextuel qui fait référence à l'insertion de l'individu dans un environnement et à ses relations avec son milieu.

Selon la politique de santé mentale, l'aspect développemental caractérise le mieux l'état de santé mentale : en ce sens, le vieillissement est un phénomène davantage individuel que collectif. Pour conserver sa santé mentale, l'individu doit réfléchir sur «son» vieillissement, en se demandant quels sont les facteurs bio-psycho-sociaux qui peuvent normalement influer sur son vieillissement et dans quelle mesure ils peuvent atteindre sa santé mentale au cours de son «développement gérontologique».

Les ressources psychologiques personnelles sont déterminantes pour la santé mentale. Plus précisément, Laforest (1989) en mentionne trois, soit l'intégrité, l'identité et l'image de soi. Cette approche positive de la vieillesse, perçue comme une phase de croissance malgré l'inévitable déclin physiologique, repose sur la personnalité, cet ensemble de comportements et d'attitudes qui caractérisent un individu et le distinguent des autres.

Cependant, étant donné les caractéristiques particulières de la population âgée, et tout en tenant compte de la responsabilité de la personne en regard de sa santé mentale, il apparaît nécessaire d'associer la santé mentale à une notion plus globale : celle de la responsabilité sociale et collective. Il faudrait cependant éviter que la «responsabilisation» de la personne se traduise par l'adaptation des personnes à leur milieu sans remettre en question ni changer les conditions socio-économiques liées à la détérioration de l'état mental des individus.

Malgré les progrès réalisés dans la compréhension de la santé mentale, il n'existe aucune définition de cette notion qui soit acceptée de façon universelle et définitive. Le Comité de la santé mentale du Québec travaille actuellement à élaborer une définition qui permettrait d'orienter les réflexions en vue du développement éventuel de services en santé mentale autour de concepts communs, reconnus et acceptés.

Dans cette optique, le Groupe de travail trouve également intéressante la définition de la santé mentale tirée du document de consultation *La santé mentale des Canadiens : vers un juste équilibre* (Santé et Bien-être social Canada, 1986) :

> [...] *la capacité de l'individu, du groupe, et de l'environnement d'avoir des interactions qui contribuent au bien-être subjectif, au développement et à l'emploi optimaux des capacités mentales (cognitives, affectives et relationnelles) à la réalisation de buts individuels et collectifs justes et à la création de conditions d'égalité fondamentale. Dans cette définition, la santé mentale est tributaire de la relation qui existe entre l'individu, le groupe et l'environnement... Devant cette dynamique, il semble normal que la définition réaffirme*

certaines valeurs de la société, à savoir l'égalité, la justice, le libre arbitre et la responsabilité sociale. Il n'y a pas de doute que la répartition et l'exercice équitable du pouvoir (notamment le pouvoir de modifier son propre environnement afin de favoriser un développement sain) constituent des facteurs primordiaux de la santé mentale. Tout ce qui nuit à l'interaction efficace et équitable de l'individu, du groupe et de l'environnement (comme la pauvreté, les préjugés, une mauvaise coordination des ressources) constitue une menace ou un obstacle à la santé mentale.

Conséquemment et concrètement, aux fins de la consultation et de la recherche, le Groupe de travail a adopté une définition simple de la santé mentale, qu'il formule comme suit:

Une personne âgée en bonne santé mentale est celle qui est capable de vivre et d'exprimer ses émotions de façon appropriée, de bien raisonner, d'être en relation satisfaisante avec son entourage, d'occuper sa place dans la société et d'exercer son pouvoir de décision.

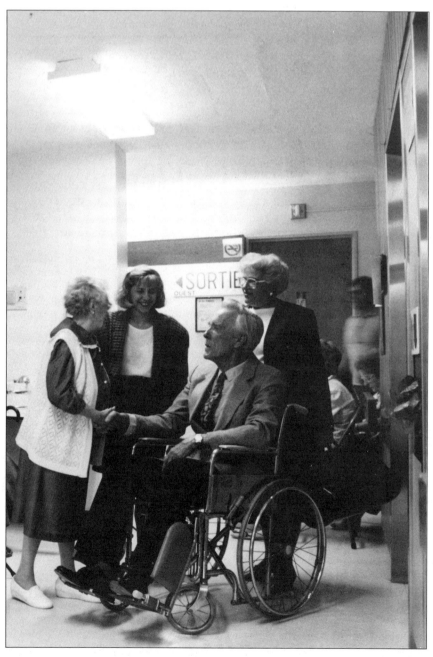

«Il faut éviter de considérer comme une fatalité toute perturbation de la santé physique liée au vieillissement normal.»

2

Bon pied, bon œil, bonne tête

Quand on a la santé, on a toujours des amis. Quand on est malade, le monde nous oublie vite. Les proches ne viennent plus nous voir. De toute façon, bon ou mauvais amis, quand on est malade, on n'est plus capable de suivre.

La santé c'est tout; quand on a la santé, on a tout. La santé, c'est la première chose pour être heureux. Être en santé, c'est notre plus grande préoccupation.
Commentaires de personnes âgées.

L'évolution démographique a déjà commencé à modifier le profil de la population âgée: le Québec compte actuellement 11 % de personnes de 65 ans ou plus. Un homme qui a atteint l'âge de 65 ans aujourd'hui peut espérer vivre jusqu'à 79,9 ans en moyenne. Pour une femme de 65 ans, l'espérance de vie s'élève à 84,1 ans. Chez ceux qui ont actuellement 75 ans, elle atteint 84,1 ans pour les hommes et 86,9 ans pour les femmes. À 85 ans, l'écart entre les deux sexes disparaît ou presque: les hommes peuvent escompter vivre jusqu'à 90,1 ans, et les femmes jusqu'à 90,4 ans (Statistique Canada, 1989).

Avec l'amélioration des connaissances, on doit réinterpréter le processus du vieillissement. Ainsi, on connaît mieux aujourd'hui les liens entre l'état de santé physique et la santé mentale des personnes âgées. Ces nouvelles connaissances sur le vieillissement et la santé mentale des personnes âgées doivent imprégner la formation des intervenants et, de façon générale, se refléter dans les services de santé et les services sociaux.

2.1 DEMAIN, NOUS SERONS VIEUX...

La population du Québec continue d'augmenter, mais beaucoup moins rapidement qu'auparavant. En 1950, le taux d'accroissement annuel s'élevait à environ 2,5 %; entre 1981 et 1986, il atteignait à peine 0,3 %.

Au cours du dernier demi-siècle, la population âgée a augmenté deux fois plus vite que la moyenne générale, et la tendance s'accentue. Le vieillissement se poursuivra à un rythme moyen jusque vers 2010, mais la tendance pourrait s'accélérer fortement à partir de ce moment, avec l'arrivée à la retraite des baby-boomers. Vers l'an 2030, le Québec pourrait même compter 1,5 million de personnes de 65 ans ou plus, soit près du quart de sa population.

Le vieillissement démographique que connaît le Québec affiche certaines particularités par rapport à celui des autres pays. Quant à la population âgée, elle ne forme pas un tout homogène; le profil que l'on peut en dresser présente plutôt des caractéristiques très variées selon les groupes.

2.1.1 La modification de la pyramide des âges

Le Québec, comme d'ailleurs l'ensemble du Canada, est encore à une étape préliminaire du vieillissement, en comparaison des pays européens. Parmi ceux-ci, la Suède occupe l'avant-scène avec 18,1 % de personnes âgées.

L'accentuation du vieillissement de la population québécoise, prévue pour les prochaines décennies, n'est pas exceptionnelle. Le Québec participe en fait d'un mouvement qui touche l'ensemble des pays industrialisés. La rapidité du vieillissement démographique apparaît toutefois particulière ici: dans une cinquantaine d'années, la population québécoise pourrait être la plus âgée du Canada, alors qu'elle est aujourd'hui parmi les plus jeunes.

Pour qu'une population se renouvelle, le taux de fécondité doit atteindre 2,1 enfants par femme. En 1960, le Québec affichait le plus haut taux de fécondité en Occident, soit près de quatre enfants par femme. En l'espace d'une seule décennie, il chutait à deux, et la baisse n'était par terminée; ce taux atteignait 1,38 au milieu des années 80.

Les dernières statistiques laissent toutefois entrevoir une augmentation des naissances de 17 % entre 1987 et 1990. Le Québec affichait ainsi un taux de fécondité de 1,66 en 1990.

Par rapport au début des années 60, la société québécoise compte aujourd'hui quelque 500 000 enfants de moins. Malgré ce déficit, le Québec enregistre encore chaque année plus de naissances que de décès. Mais, au tournant du siècle, l'accroissement naturel deviendra négatif. En 1990, on comptait près de deux jeunes (moins de 18 ans) pour une personne âgée; dans cinquante ans, la proportion sera inversée.

Un autre facteur vient s'ajouter à la baisse du taux de fécondité : historiquement, le Québec enregistre année après année un déficit dans les migrations interprovinciales. La perte nette s'est élevée à 12 000 personnes par année entre 1981 et 1986, soit l'équivalent d'une diminution de 0,2 enfant dans la descendance finale de chaque femme.

2.1.2 *Une population âgée diversifiée*

Les personnes âgées forment un groupe de plus en plus hétérogène. On y retrouve en majorité des personnes de 65 à 74 ans alertes et fonctionnelles, des personnes de 75 à 80 ans de plus en plus actives et autonomes, et une proportion croissante de personnes âgées de plus de 85 ans qui, en majorité, demeurent dans la communauté en logements individuels ou collectifs.

Le groupe des personnes âgées a vieilli. Ainsi, le nombre de «jeunes vieux» a diminué au sein de la population âgée; les 75 ans ou plus formaient 33,7 % du groupe en 1976, contre 37,8 % en 1986. Selon les projections de Statistique Canada, ils représenteront 41,2 % de la population âgée en 1996, et 47,8 % en 2006 (Martin Matthews, 1988).

La population âgée regroupe actuellement des gens qui ont jusqu'à 30 ou même 40 ans de différence. Ces personnes appartiennent à des cohortes de population fort différentes par leurs traditions, leurs valeurs, leur style de vie.

Cette diversité se traduit dans les situations de vie et dans la nature des problèmes. Les besoins des personnes âgées sont ainsi très variés, particulièrement ceux qui ont trait à l'état de santé physique, à la situation des familles. Ils varient également selon le sexe.

2.1.3 Les femmes de plus en plus nombreuses

Jusque vers le milieu du siècle, le Québec comptait globalement le même nombre d'hommes que de femmes. Depuis, on constate un écart croissant. En 1985, pour 100 femmes, on dénombrait 92 hommes chez les 50-59 ans, 87 chez les 60-64 ans, 44 dans le groupe des 85-89 ans, et seulement 40 chez les 90 ans ou plus. La femme vit maintenant en moyenne huit ans de plus que l'homme, et la féminisation de la vieillesse s'accentue d'année en année. Résultat : en 2001, le nombre de femmes de 65 ans ou plus dépassera d'environ 200 000 celui des hommes (Bureau de la statistique du Québec, 1986).

2.1.4 Un groupe sous-scolarisé

En 1990, la majorité des gens qui atteignaient l'âge de la retraite n'avaient pas complété d'études secondaires. Grâce à un meilleur accès à l'instruction, ce phénomène devrait se résorber au fur et à mesure que vieilliront les générations actuelles. En 2021, on ne devrait compter que 5 % d'analphabètes fonctionnels chez les 65 ans ou plus. Le niveau d'instruction s'améliorera particulièrement chez les femmes âgées. Au début du XXIe siècle, les Québécoises auront en effet comblé presque complètement l'écart qui les sépare des hommes quant au nombre de diplômés universitaires (Marcil-Gratton et Légaré, 1987).

2.1.5 Une situation économique confortable, sauf...

Grâce aux divers régimes de prestations, il semble que de plus en plus de gens âgés soient financièrement en mesure de profiter de leur retraite. Pensons particulièrement aux retraités des grandes industries et des secteurs public et parapublic, aux ex-commerçants, aux ex-professionnels, etc.

Il reste toutefois qu'un trop grand nombre de gens âgés vit encore sous le seuil de la pauvreté. Ce sont les femmes âgées qui rencontrent les problèmes les plus sérieux. En 1988, 62 % des femmes de 65 ans ou plus vivaient seules, comparativement à 26 % des hommes. Or, de celles-ci, 84 % disposaient d'un revenu inférieur à 15 000 $. Lorsqu'on regroupe toutes les catégories de personnes âgées (celles qui vivent en couple, avec d'autres personnes ou seules), 45 % des femmes ont un revenu de moins de 15 000 $, comparativement à 27 % des hommes (Régie des rentes du Québec, 1991).

2.2 COMMENT VIEILLISSONS-NOUS?

La société québécoise investit beaucoup dans les services de santé et les services sociaux. Les dépenses publiques de santé et de services sociaux dépassent actuellement 12 milliards de dollars, soit environ le tiers de l'ensemble des dépenses gouvernementales. Ces investissements ont-ils contribué à améliorer la santé des personnes âgées?

Si l'on mesure les progrès réalisés sur la mort, on peut affirmer que les Québécois et les Québécoises ont grandement amélioré leurs chances de survie depuis deux décennies, à tel point que l'on qualifie cette période de transition épidémiologique.

Depuis 1971 et surtout depuis 1976, tous les groupes d'âge sans exception ont réalisé des gains sur la mort (Roy, 1991), comparativement aux décennies antérieures où seuls certains groupes d'âge connaissaient de véritables progrès, alors que d'autres stagnaient ou même régressaient.

De toute évidence, le groupe des personnes âgées a beaucoup profité de ce progrès: en l'espace de quelques années, les aînés ont fait autant de gains au chapitre de la longévité qu'ils en avaient réalisés antérieurement sur une période de 40 ans. Actuellement, environ 70 % des décès surviennent après 65 ans, dont 30 % à 35 % au-delà de 80 ans. C'est également chez le groupe des personnes âgées que l'espérance de vie augmente le plus rapidement.

Cependant, qui dit espérance de vie ne dit pas nécessairement espérance de vie en bonne santé, même s'il est démontré que, dans l'ensemble, nous vieillissons en meilleure santé qu'auparavant.

Les chercheurs sont aujourd'hui parvenus à mieux distinguer le vieillissement normal (vieillissement primaire) du vieillissement pathologique (vieillissement secondaire). Au cours des 30 dernières années, plusieurs études ont révélé une diminution progressive de la plupart des grandes fonctions physiologiques de l'organisme liée à l'augmentation de l'âge. Par ailleurs, des recherches plus récentes portant sur des populations exemptes de maladie démontrent que la corrélation négative entre l'âge et la fonction ne tient plus nécessairement (Forette, 1989). Des études longitudinales, entre autres celles de Svanborg (1990) sur des groupes représentatifs, révèlent que les mécanismes de régulation de certaines fonctions physiologiques, comme celles du cœur, du rein, ou la respiration, peuvent demeurer parfaitement opérationnels jusqu'à la neuvième décennie, voire davantage, lorsque ces fonctions ne sont pas altérées à la suite d'un accident ou d'une affection dont les effets se superposent à ceux du vieillissement.

2.2.1 Le vieillissement «normal»

La conservation de la capacité de régulation physiologique permet à plusieurs personnes de vivre un vieillissement que les chercheurs qualifient de «réussi», «normal», «optimal» (Atchley, 1989; Leclerc, 1991).

Les caractéristiques du vieillissement «normal» peuvent comprendre:

- l'absence de maladies aiguës ou chroniques invalidantes;
- la capacité de subvenir à ses besoins de santé, d'habitation, d'alimentation, de loisirs;
- le maintien d'une identité et d'une image de soi positives;
- la possibilité de mener une vie active et satisfaisante;
- la présence d'un réseau social significatif;
- la possibilité d'exercer un contrôle sur sa vie.

Dans la réalité, en dépit des progrès remarquables, il persiste de grandes inégalités devant le vieillissement. Bien que la sénescence soit inéluctable, elle ne frappe pas les individus au même moment ni avec la même intensité. Trois raisons majeures expliquent ce fait:

- les différences génétiques, chacun possédant un logiciel qui lui est propre;
- les accidents pathologiques de parcours, les problèmes de santé des personnes âgées étant souvent multiples, chroniques et incurables;
- en particulier le contexte socio-économique dans lequel a vécu la personne, soit le genre de travail qu'elle a exercé, son revenu, ses conditions de vie, le soutien social dont elle dispose (Cabirol, 1982).

2.2.2 La nécessité de la prévention

L'étude des courbes de survie depuis 1900 démontre que les activités de prévention ont été globalement efficaces pour accroître l'espérance de vie moyenne des populations dans les pays industrialisés.

Les recherches ont démontré que les aspects du vieillissement sont tout d'abord tributaires de changements physiologiques, mais également de trois autres processus: la perte de la forme physique (sédentarité, déconditionnement), les conséquences des modifications psychosociales (revenu, rôle social significatif, retraite, relations affectives) et le déclin de la santé physique et mentale.

L'âge avancé ne constitue pas un stade isolé du reste de la vie ; il s'inscrit dans la suite des années antérieures, dans le continuum de l'existence, l'état de santé étant conditionné par le passé. Selon Kergoat (1991), les actions préventives ont leur raison d'être à l'âge avancé, mais elles doivent répondre à deux conditions essentielles, c'est-à-dire être efficaces et justifiées, d'autant plus que l'intervention vise à améliorer la qualité de vie à court terme. De plus, il faut considérer que l'écart se révèle souvent minime entre le bénéfice et le désavantage, la marge de manœuvre de l'intervenant étant parfois bien étroite. Il lui est alors difficile de prendre la bonne décision, parce qu'il ne voit pas clairement ni sûrement quelle solution s'impose pour améliorer le mieux-être de la personne âgée.

Les objectifs de la prévention

Les services préventifs doivent viser globalement à :
- prévenir ou réduire les problèmes physiques, psychiatriques ou iatrogènes ;
- prolonger la période de vie active et l'autonomie ;
- assurer un système de soutien suffisant pour maintenir l'autonomie et la qualité de vie de la personne ;
- éviter la vie en établissement aussi longtemps que possible ;
- minimiser le fardeau des soignants naturels pour maintenir leur bien-être et leur permettre de continuer à prodiguer les soins aussi longtemps que possible ;
- assurer, en phase terminale, le plus de soutien possible à la personne âgée et à sa famille.

Étant donné l'hétérogénéité de la population âgée, les services préventifs doivent être personnalisés et reposer sur les principes suivants.

- **Respecter l'autonomie de la personne :** le praticien et l'intervenant doivent accepter que la personne âgée assume des risques, si telle est sa volonté expresse.

- **Minimiser les modifications du mode de vie :** réduire au minimum les interruptions dans les habitudes de vie et pondérer les recommandations et les investigations.

- **Éviter les agressions iatrogènes :** le médecin doit porter attention à l'utilisation des médicaments et éviter si possible l'hospitalisation.

– **Reconnaître la mort comme légitime et normale**: la personne âgée a le droit de bénéficier de tous les développements de la science, mais elle a aussi le droit de mourir dans la dignité et la paix.

Les obstacles à la prévention

Le discours sur la prévention n'est pas nouveau au Québec; le fait qu'il s'applique à la population âgée est cependant récent. Toutefois, des stéréotypes persistent et peuvent faire obstacle ou même remettre en cause la pertinence de la prévention en regard de l'âge, de la non-motivation, de la difficulté de modifier des habitudes, du fatalisme devant le vieillissement.

D'autres dresseront des obstacles «scientifiques»: la connaissance incomplète du processus du vieillissement, la validité des interventions proposées, la perception de contrôler certains aspects de la vie des personnes âgées.

Malgré ces mises en garde, il est maintenant reconnu qu'un individu, même après 80 ans, peut améliorer son fonctionnement au moyen d'un programme d'exercices. Plusieurs éléments justifient en fait les interventions préventives qui favoriseront l'autonomie de l'individu: le caractère durable des problèmes de santé physique et mentale et leurs répercussions, une qualité de vie améliorée, le fait que la prévention sollicite l'individu, favorise sa motivation tout en respectant sa liberté d'adhérer ou non.

Une typologie

La prévention primaire

Les éléments de base de toute politique de la vieillesse (habitation, revenu, transport, etc.) constituent le cadre de la prévention primaire, auquel s'ajoutent l'information et l'éducation pour le maintien de la santé physique et mentale ainsi que la promotion des compétences et des habiletés de la personne âgée. La préparation matérielle et sociale à la retraite de même que les conditions de vie au travail font également partie de la prévention primaire.

La prévention secondaire

La prévention secondaire permet le dépistage précoce de problèmes occasionnés par une situation difficile, au moyen d'une approche bio-psycho-sociale. La prévention secondaire regroupe plusieurs activités: la prévention de problèmes psychosociaux, somatiques, des déficiences sensorielles, l'appui aux familles pour le dépistage précoce de problèmes situationnels, l'élaboration d'un plan de services individualisé et la transmission d'informations suffisantes pour permettre à la personne et à son entourage de mieux composer avec ces problèmes.

La prévention tertiaire

La prévention tertiaire concerne l'accès aux services sociaux, aux services gériatriques et psychogériatriques ainsi qu'aux services d'adaptation–réadaptation et de réinsertion sociale, selon les besoins et les circonstances. Les services tertiaires ont comme objectif d'optimaliser le fonctionnement de la personne âgée, en dépit de problèmes irréversibles.

2.3 ET LA SANTÉ?

Quelle est l'importance de la santé physique en tant que facteur de santé mentale? Pour répondre à cette question, il faut d'abord déterminer l'évolution récente de l'état de santé physique des personnes âgées.

La santé recouvre aujourd'hui un concept beaucoup plus vaste qu'autrefois. On sait maintenant que la santé relève d'un processus dynamique, qui met en cause une multitude de facteurs. Les recherches épidémiologiques des dernières décennies confirment l'importance des dimensions psychologique, sociale et environnementale de la santé et de la maladie.

Ainsi, pour Dubos (1986), la santé est un état physique et mental relativement exempt de souffrance, qui permet à l'individu de fonctionner aussi efficacement que possible dans son milieu.

Pour le ministère de la Santé et des Services sociaux, la santé représente «la capacité physique, psychique et sociale d'une personne d'agir dans son milieu et d'accomplir les rôles qu'elle entend assumer, d'une manière acceptable pour elle-même et pour les groupes dont elle fait partie» (MSSS, 1989).

Le processus de la santé résulte par conséquent d'une interaction complexe entre l'environnement dans lequel évolue la personne, le comportement de la personne et ses habitudes de vie, ainsi que ses caractéristiques physiques et psychiques. Ces trois ordres de facteurs s'influencent mutuellement, de sorte que la santé représente un équilibre physique, psychique et mental entre l'individu, son environnement et son milieu interne.

Cet équilibre permet à la personne âgée de satisfaire ses besoins essentiels, comme se déplacer et s'alimenter, ses besoins de sécurité et de relations sociales et, finalement, de réaliser ses projets et de maintenir son autonomie (Blondeau, 1989).

Depuis la publication de *Nouvelles perspectives de la santé des Canadiens* (rapport Lalonde) en 1974, on reconnaît que la santé est le résultat de l'interaction dynamique de quatre grandes catégories de facteurs :
– la biologie et la génétique propres à l'individu ;
– l'environnement physique et social dans lequel évolue la personne ;
– l'organisation du système de soins et de services ;
– les habitudes, les comportements et les choix que font les individus.

2.3.1 *Pour améliorer la santé*

Les années 70 ont été marquées par l'application des recommandations de la Commission Castonguay-Nepveu, dont les travaux se sont échelonnés de 1967 à 1972. Un nouveau système de santé et de services sociaux était donc mis en place, avec l'instauration du régime d'assurance-maladie en 1970.

La Commission Castonguay-Nepveu poursuivait un objectif majeur : faciliter l'accès aux services de santé physique et mentale, et les intégrer dans un système coordonné afin d'améliorer l'état de santé et de bien-être de la population et de mieux répondre à ses besoins.

Le comité MacDonald fut chargé de définir les moyens pour favoriser la prévention, la multidisciplinarité et la réadaptation, tant physique que mentale. Il recommanda la participation des usagers à l'organisation des services, l'action communautaire et la décentralisation des décisions et des services.

Sur le plan social, une nouvelle préoccupation pour la santé se développa. Les gens, désormais plus conscients de certains dangers liés aux habitudes de vie, adoptèrent davantage des comportements préventifs : la consommation de tabac diminua, l'activité physique augmenta et les habitudes alimentaires changèrent graduellement. On peut affirmer aujourd'hui que les gains furent appréciables. Cependant, en plaçant la santé sous la responsabilité de l'individu, on a marginalisé certains groupes sociaux en ne tenant pas compte de la pauvreté, de l'inégalité des sexes, du racisme et de la dégradation de l'environnement.

Par ailleurs, durant les années 80, le concept de santé s'est transformé : un modèle social élargi s'est dessiné. Le Conseil des affaires sociales et de la famille (1984) proposait une vision écologique de la santé et soulignait les interrelations entre les facteurs socio-économiques, les habitudes de vie et le contexte politique qui prévalait.

Aux États-Unis paraissait *Healthy People* (Department of Health, Education and Welfare, 1979), dans le sillage du rapport Lalonde. *Healthy People* proposait comme orientations centrales la réduction des inégalités sociales et l'action sur les divers déterminants de la santé. Le document reprenait en fait les éléments de la stratégie « Santé pour tous » de l'Organisation mondiale de la santé. Au Canada et au Québec, cette stratégie fut reprise par le gouvernement fédéral (Epp, 1986) et par la Commission Rochon.

2.3.2 *Un bilan de santé*

La santé des Québécois

En 1983, le Conseil des affaires sociales et de la famille (CASF) dressait un premier bilan global de la santé des Québécois et des Québécoises (collection *La santé des Québécois*).

Les études du Conseil relevaient d'abord les principales causes de mortalité, soit, dans l'ordre, les maladies de l'appareil circulatoire, les tumeurs, les affections respiratoires et les affections du système digestif. Parmi les principaux problèmes de santé déclarés par les personnes de 65 ans ou plus, on signalait les maladies du système ostéo-articulaire et les maladies de l'appareil circulatoire, les problèmes sensoriels, les problèmes de santé mentale et les séquelles d'affections respiratoires. Ces affections constituaient les principales sources d'incapacité temporaire et permanente à la fin des années 70.

Pour le Conseil des affaires sociales et de la famille, ce bilan de santé était à la fois source de satisfaction et de préoccupation : satisfaction devant la diminution remarquable du taux de mortalité pour tous les groupes d'âge, et particulièrement chez les enfants ; préoccupation face à l'augmentation du taux de suicide chez les jeunes et les femmes, et la hausse rapide du cancer du poumon chez les femmes. L'allongement de la durée de vie était également assombri par la lourdeur des séquelles des maladies chroniques et les coûts astronomiques reliés à ces maladies.

Une nouvelle philosophie émergeait de ce bilan, marquée par une préoccupation pour la qualité de vie et par la priorité au maintien de l'autonomie de la personne âgée (CASF, 1984).

L'enquête Santé-Québec

L'enquête Santé-Québec (MSSS, 1988) a permis de mesurer l'état de santé général des Québécois. En dépit du fait que l'échantillon choisi exclut les gens qui vivent en établissement (leur nombre s'élève actuellement à quelque 48 000, des personnes âgées en majorité), l'enquête s'avère un outil majeur.

Les données confirment le déclin de l'état de santé avec l'avance en âge, ainsi que les liens entre l'état de santé, le sexe, le niveau de revenu et la langue d'usage. De façon générale, les femmes, les gens socio-économiquement défavorisés et les allophones ont tendance à s'estimer en moins bonne santé que les hommes, les riches ainsi que les anglophones et les francophones.

Quant aux personnes de 65 ans ou plus, elles souffrent davantage d'arthrite, d'hypertension artérielle, de troubles mentaux et de problèmes du système digestif. Les femmes sont plus nombreuses que les hommes à déclarer des problèmes de santé, et le nombre de problèmes qu'elles déclarent est également plus élevé.

Les problèmes auditifs et visuels augmentent avec l'âge; environ le tiers des gens de 75 ans ou plus en seraient affectés.

Les gens âgés sont de grands consommateurs de médicaments, autant par le nombre de gens qui en consomment (les deux tiers de la population âgée) que par le nombre de médicaments absorbés. Les médicaments les plus utilisés sont, dans l'ordre, les médicaments pour le cœur, les tranquillisants, les vitamines et les analgésiques.

Les consultations augmentent également avec l'âge. Il faut toutefois noter qu'un nombre restreint de personnes âgées consultent souvent un spécialiste. Ainsi, 18 % des femmes de 75 ans ou plus ont consulté des professionnels de la santé au moins six fois durant les quatre mois précédant l'enquête. D'autre part, plus de la moitié (53 %) n'en ont pas consulté ou l'ont fait une seule fois.

Les hospitalisations sont plus fréquentes chez les 75 ans ou plus. Toutefois, 85 % des femmes de ce groupe d'âge n'ont pas recouru à ce service au cours des douze mois précédant l'enquête. En définitive, l'enquête Santé-Québec confirme qu'une faible part de la population âgée requiert la plus grande partie des soins de santé.

L'*Enquête sur la santé et les limitations d'activité* (Statistique Canada, 1988) fournit plusieurs données pour le Québec. Elle confirme que les incapacités augmentent avec l'âge : pour les femmes, le taux d'incapacité s'élève sensiblement chez les 75-84 ans; pour les hommes, ce taux augmente davantage chez les 85 ans ou plus.

Les incapacités liées à la mobilité et à l'agilité dominent chez les deux sexes, avec un taux global de 79/1 000 pour la mobilité et de 68/1 000 pour l'agilité, alors que les incapacités liées à l'ouïe s'élèvent à 34/1 000.

Les incapacités reliées à la mobilité, à l'agilité et à la vision présentent toutes des valeurs plus élevées chez les femmes. C'est pour les incapacités liées à la mobilité que les écarts entre hommes et femmes sont le plus prononcés : 91/1 000 par rapport à 66/1 000.

Les taux sont nettement plus élevés en établissement. Dans le cas de la mobilité seulement, le taux atteint 807/1 000, comparativement à 79/1 000 pour les gens âgés qui vivent à domicile.

Les personnes âgées en perte d'autonomie

Ces résultats confirment certaines données de l'enquête canadienne du Conseil consultatif national sur le troisième âge (CCNTA,1989) selon lesquelles 85 % des personnes de 65 ans ou plus éprouveraient au moins un problème de santé, et 20 % de la population âgée devrait être considérée comme fragile. Le pourcentage est plus élevé chez les 75 ans ou plus que chez les 65-74 ans.

Au Québec, environ 7 % des personnes âgées vivent en établissement. Ces personnes sont principalement affectées par des maladies de l'appareil circulatoire, des problèmes ostéo-articulaires, des troubles mentaux, sensoriels et métaboliques. Les gens qui souffrent de plusieurs affections sont plus nombreux, et les 85 ans ou plus sont surreprésentés.

Plus de 20 % des personnes âgées en perte d'autonomie importante vivent dans leur milieu naturel. Tous les intervenants rencontrés lors de l'enquête de Dorvil, Guberman et Maheu (1988) sont unanimes à souligner que la population qui a recours aux services hors des établissements est une population vieillissante composée majoritairement de femmes, notamment des femmes seules. La recherche révèle que bien des personnes âgées desservies par les services de maintien à domicile sont en perte d'autonomie physique et mentale grave.

Ces mêmes constatations sont reprises dans une étude récente (Guberman, Maheu et Maillé, 1991) réalisée auprès des familles responsables de leurs parents âgés ou d'un parent qui éprouve des problèmes psychiatriques graves. Elles amènent les auteurs à la conclusion suivante :

> *La technologie médicale prolonge la vie d'un nombre croissant de personnes souffrant de maladies chroniques ou congénitales, tandis que la pharmacologie favorise le maintien des malades mentaux hors des institutions. Néanmoins, ces personnes, pour avoir une qualité de vie acceptable, requièrent des soins de tous ordres qu'elles ne sont pas en mesure de se prodiguer elles-mêmes.*

Par ailleurs, l'étude démontre que les femmes demeurent toujours les principales responsables du bien-être des membres de leur famille, qu'il s'agisse des enfants, du conjoint ou d'un parent en perte d'autonomie. Cette constatation n'est pas étonnante et il faut prévoir que, bientôt, les soignants seront également des personnes âgées...

2.3.3 *Les prévisions et les enjeux*

Il est difficile de déceler des tendances fiables quant à l'évolution de la santé physique des populations âgées, actuelles et futures. L'évolution de l'espérance de vie est le résultat d'un grand nombre de changements dans la configuration de la mortalité selon les diverses causes de décès (Gauthier et Duchesne, 1991). En fait, la réduction de la mortalité constitue l'un des progrès les plus spectaculaires des dernières décennies.

En 1989, 81,9 % des décès chez les personnes âgées étaient dus à une cause appartenant à l'un des trois groupes suivants : maladies de l'appareil circulatoire (45,2 % des décès), tumeurs (26,6 %), maladies de l'appareil respiratoire (10,1 %). Les gains en longévité durant la décennie 1970 sont attribuables en grande partie à la forte baisse de la mortalité reliée aux maladies de l'appareil circulatoire, tant chez les hommes que chez les femmes âgées. Cependant, les taux de décès se sont accrus pour la mortalité due aux tumeurs de la trachée, des bronches et des poumons notamment, et ce tant chez les hommes que chez les femmes.

Selon Verbrugge (1989), la santé future dépendra, pour une large part, des facteurs suivants : le bagage génétique des individus ; les habitudes personnelles (choix et modes de vie, incluant l'exposition à la violence et aux environnements nocifs) ; la capacité de la médecine à traiter les maladies et à promouvoir la prévention ; l'efficacité de la réadaptation à diminuer les séquelles des affections aiguës et chroniques ; les attitudes sociales et les conditions socio-économiques.

L'enjeu actuel de la recherche médicale concerne les maladies chroniques non fatales, qui représentent des menaces à la qualité de vie de la personne âgée: l'arthrite, la surdité, la cécité, l'ostéoporose, la démence (Forette, 1989).

Selon Rowe et Kahn (1987), les progrès de la recherche ainsi qu'une meilleure prise en considération de l'hétérogénéité du vieillissement des individus, des effets des facteurs extrinsèques (les habitudes de vie, l'alimentation, la sédentarité) et de l'interaction entre les variables psychosociales et physiologiques permettraient des gains dans le fonctionnement de l'organisme. Conséquemment, un plus grand nombre de personnes âgées pourraient bénéficier d'un vieillissement optimal.

2.3.4 *La prise en charge de sa santé*

Le thème du maintien de la responsabilité de la personne âgée est revenu maintes fois lors de la consultation du groupe de travail. Habituées à mettre sur le compte du vieillissement leurs affections courantes, les personnes âgées ont traditionnellement peu consulté (Brody et Kleban, 1981). Aujourd'hui, une meilleure information, le désir de demeurer autonome le plus longtemps possible, le fait d'habiter seul par choix ou à la suite de la mort du conjoint, tous ces éléments amènent de plus en plus de personnes vieillissantes à consulter des spécialistes pour mieux connaître leur état de santé et l'assumer par la suite.

Il faut dire que le concept d'auto-santé promu par le mouvement des femmes dans les années 70 a suscité une prise de conscience nouvelle en même temps qu'une meilleure connaissance du fonctionnement de l'organisme humain, d'où un nouvel intérêt pour mieux s'y ajuster et mieux l'assumer.

La vision élargie de la santé fait référence au bien-être et à la capacité de fonctionner comme on le désire. Elle suppose une vigilance nouvelle vis-à-vis de la consommation de services et, sans contredit, la promotion d'une utilisation plus adéquate des médicaments.

Selon Bandura (1986), le comportement qui sous-tend la prise en charge de sa santé serait déterminé par l'interaction de trois types de facteurs: des facteurs personnels (cognitifs et affectifs), des facteurs comportementaux (les actions et réactions de la personne) et des facteurs environnementaux (sociaux et physiques).

La responsabilité envers sa santé nécessite des capacités d'observation, de jugement critique et de rétroaction, ayant pour objectifs de mieux maîtriser les effets de la maladie sur la santé physique et mentale et d'alléger les conséquences des problèmes psychosociaux engendrés par la maladie chronique (Clark et Lorig, 1991).

Encore faut-il donner aux personnes âgées les moyens et les outils nécessaires pour alléger leurs problèmes de santé, tout en leur permettant d'exercer leur pouvoir de décision. Cela requiert la capacité de communiquer, le désir de partager les connaissances, le respect des valeurs personnelles, le jugement pour pondérer les actions et l'empathie. Selon Blanchet (1985) :

> *Au moment où le système de santé se donne comme objectif la qualité de la vie, il devient nécessaire d'adopter des modèles d'intervention qui vont s'exercer sur la perception individuelle de la santé, la mesure médicale de l'état de santé (l'incapacité), l'activité sociale individuelle (l'insertion dans le milieu) et, finalement, l'impression de maîtrise qu'a l'individu sur sa santé.*

Lors du colloque sur le système canadien des soins de santé, tenu à Winnipeg en 1986, Fraser Mustard soutenait que le contexte dans lequel sont envisagés la santé et les problèmes de santé déterminera les choix quant au type de soins que la collectivité se donnera dans l'avenir. Il ajoutait que le rôle de la médecine et du système de santé sera modifié, compte tenu d'une plus grande prévalence des maladies chroniques chez une population vieillissante. Limitée dans la possibilité de guérir, la médecine jouerait alors un rôle beaucoup plus important dans l'aide et le soutien aux personnes âgées. On peut donc prévoir que, dans l'avenir, les soins de santé seront davantage destinés à assister les malades au moyen de mesures visant à améliorer leur qualité de vie et à favoriser leur insertion sociale.

RECOMMANDATIONS
Une formation médicale adaptée aux besoins des aînés

Attendu que la santé physique n'est pas uniquement liée au vieillissement mais aussi à certains facteurs susceptibles d'être sous la responsabilité des personnes âgées ;

attendu que la bonne alimentation et l'activité physique saine sont susceptibles d'accroître la force, la résistance, la protection contre les blessures, d'améliorer l'image de soi et l'autonomie ;

attendu que la modification des facteurs de risque connus, tels l'hypertension artérielle, le tabagisme, l'obésité, la sédentarité, est maintenant acceptée comme objectif réaliste et pertinent pour des personnes de 69 ans ou plus;

attendu que, grâce à la perception réaliste qu'ont les personnes âgées de leur santé, ces dernières sont en mesure de contribuer à l'amélioration de leur qualité de vie en accroissant la gestion de leur santé, et qu'elles comptent sur le praticien pour leur fournir l'information nécessaire;

attendu que la promotion de la santé consiste à habiliter les individus et les communautés à accroître leur responsabilité face aux déterminants de la santé et, de ce fait, à améliorer leur santé;

attendu que l'éducation à la santé a pour objectif ultime de permettre à la personne qui avance en âge de faire face plus adéquatement aux situations de stress, de faire des choix susceptibles d'amoindrir les effets du vieillissement pathologique, d'où une vie de qualité optimale;

attendu que l'effet thérapeutique de l'éducation se transmet par le contenu du message qui est véhiculé, et davantage par l'intérêt réel du praticien pour la personne âgée;

attendu que les soins aux personnes âgées occupent une place de plus en plus importante dans le système de soins, et que ce type de soins exige une approche particulière;

attendu que le maintien de l'autonomie et de la responsabilité individuelle demeure l'objectif ultime de toute intervention auprès des personnes âgées;

le Groupe de travail recommande:

1. **que les étudiants en médecine soient sensibilisés très tôt dans leur formation:**
   - **à l'approche bio-psycho-sociale ainsi qu'à l'approche communautaire de la santé;**
   - **à l'importance du rôle pédagogique du praticien relativement à la satisfaction de la personne âgée, aux conséquences de l'information qu'il transmet et à la fidélité au traitement;**
   - **à l'approche préventive, de sorte que la prévention devienne une attitude à intégrer tout au long de la formation plutôt qu'une connaissance;**

2. **que la Fédération des médecins omnipraticiens du Québec, par l'entremise de son comité de formation continue,**

sensibilise davantage les praticiens à l'approche préventive des problèmes des personnes âgées, tant individuelle que communautaire; cette approche vise à renforcer la responsabilité des aînés et permet de les orienter, si nécessaire, vers les groupes de soutien dans la communauté;

3. que la Fédération des médecins omnipraticiens du Québec sensibilise, révise et valorise la pratique médicale en centre d'hébergement, et qu'elle favorise l'approche multidisciplinaire;

4. que les facultés de médecine et les départements des sciences de la santé favorisent la formation interdisciplinaire et le travail en équipe interdisciplinaire;

5. qu'un contenu gérontologique soit ajouté au corpus d'enseignement de toutes les disciplines qui concernent le vieillissement de la population;

6. que les centres universitaires soient sensibles à la nécessité de la formation en gériatrie et qu'ils appuient un noyau indispensable au développement de cette formation ainsi qu'à la recherche bio-psycho-sociale relativement au vieillissement normal et au vieillissement pathologique.

2.4 *LES LIENS ENTRE LA SANTÉ PHYSIQUE ET LA SANTÉ MENTALE*

De tous les facteurs qui entrent en relation avec la santé mentale, la santé physique est certainement l'un des plus étudiés dans les enquêtes menées auprès des personnes âgées. Mesuré sous l'angle de la perception de la santé globale, ce facteur s'avère un élément clé. Les résultats des recherches confirment en effet l'interdépendance entre santé physique et santé mentale.

Cette interdépendance apparaît importante chez les adultes, mais elle semble encore plus manifeste chez les personnes âgées. Bon nombre de travaux placent la santé physique comme le premier facteur associé positivement à la santé mentale.

Tout au long des consultations du Groupe de travail, cette question a suscité peu de discussions, même si le facteur santé physique occupe le deuxième rang en importance parmi les facteurs reliés à la santé mentale. On a pu simplement relever quelques brèves mentions du genre : «La santé, c'est tout; quand on a la santé, on a tout; la santé, c'est la première chose pour être heureux; etc.». Pourtant, le caractère incontestable de ces propos illustre le rapport étroit que tous établissent entre la santé physique et la santé mentale.

Le vieillissement du corps entraîne plusieurs changements face auxquels les personnes âgées adoptent différentes attitudes. Pour plusieurs, maintenir un bon moral dépend de la capacité à accepter son âge et d'éventuelles pertes ou handicaps, tout en évitant de considérer comme une fatalité toute perturbation de la santé physique liée au vieillissement normal.

Vieillir commande aussi la nécessité de se prendre en main, d'avoir soin de son corps et, comme le soulignait justement une personne âgée, «ne pas se laisser aller, puisque vieillir peut décourager et faire en sorte qu'on se sent diminué». Ainsi, l'exercice physique, la bonne alimentation et l'usage judicieux des médicaments sont envisagés par les personnes âgées comme les principaux moyens de bien vieillir et de maintenir sa santé physique et mentale.

2.4.1 Le bien-être psychologique et les problèmes de santé

Les informations tirées de l'enquête Santé-Québec sur le bien-être psychologique renseignent sur la santé mentale positive comme appréciation subjective et globale de l'état psychologique de la population. Selon l'enquête, 69 % de la population âgée (325 000 personnes) perçoivent leur bien-être psychologique comme élevé ou très élevé; la proportion baisse à 45 % pour la mention «très élevé» uniquement.

Par ailleurs, près d'une personne âgée sur quatre déclare un indice très élevé de détresse psychologique. Les femmes âgées seraient davantage touchées (30 % de toutes les femmes âgées). Elles représenteraient même le sous-groupe le plus affecté de toute la population. De façon précise, les femmes de 75 ans ou plus sont les plus susceptibles d'éprouver de la détresse psychologique. À l'inverse, les hommes de tout âge manifestent l'indice le plus élevé de bien-être et un faible niveau de détresse psychologique.

L'enquête mesure également la prévalence des problèmes de santé chroniques, qualifiés de graves: dépression, confusion et pertes importantes et fréquentes de mémoire, troubles psychotiques de longue durée... Pour l'ensemble de ces troubles mentaux, on a relevé peu de différences entre les groupes d'âge: les personnes âgées (4,9 %), surtout les femmes (6,2 %), affichent cependant des taux légèrement plus élevés que l'ensemble de la population (4 %). À tout âge, approximativement deux fois plus de femmes que d'hommes souffrent de troubles mentaux chroniques.

2.5 LA PSYCHOGÉRIATRIE

2.5.1 Les problèmes psychogériatriques

Les problèmes de santé mentale témoignent d'une vulnérabilité accrue avec l'âge. Ils prennent la forme d'un ensemble de symptômes somatiques et psychiques qui apparaissent souvent pour la première fois dans la vie.

Ces problèmes marquent parfois une première rupture dans la continuité de la vie. Ils anéantissent ce sentiment d'invulnérabilité qui permet à quelqu'un de maintenir l'illusion nécessaire au confort intérieur et qui veut que le vieillissement concerne le voisin, pas soi.

Les statistiques révèlent que 4 % des Québécois et des Québécoises de 65 ans ou plus souffrent de troubles d'anxiété, entre 1 % et 2 % éprouvent des problèmes d'alcool ou de drogues, environ 0,5 % sont affectés par des troubles schizophréniques, entre 1,7 % et 3 % ressentent des troubles affectifs et consomment trop de médicaments.

La dépression

La dépression majeure demeure toutefois la principale cause d'hospitalisation psychiatrique chez les patients de plus de 65 ans (Maomai, 1988). La prévalence de la dépression au sein de ce groupe de population ne fait pas nécessairement consensus. Cependant, la majorité des études conviennent qu'entre 1 % et 2 % des personnes âgées souffrent de dépression majeure et 2 % de dysthymie ; enfin, environ une personne sur dix présenterait certains symptômes dépressifs. Il faut inclure dans la prévalence des problèmes dépressifs les dépressions consécutives à la maladie de Parkinson, aux accidents cérébro-vasculaires, aux deuils non résolus, etc. (Primeau, 1991).

Plusieurs affections retiennent également l'attention au sein de la population âgée : la maladie bipolaire, l'anxiété, les troubles du sommeil, l'alcoolisme, la dyskinésie tardive ainsi que les problèmes comportementaux chez les personnes âgées vivant en établissement.

Le suicide

Le suicide représente un problème important : en 1975, on dénombrait 7,4 suicides par 100 000 personnes de 70 ans ou plus au Québec ; en 1985, ce taux s'élevait à 17,8. Les hommes sont ici surreprésentés : chez eux, la proportion atteignait 52,2/100 000 en 1987 (Santé et Bien-être social Canada). Wertheimer (1988) invite donc à la prudence :

> [...] *lorsque les agressions du temps sont éprouvées comme des blessures dans son monde intime, il s'établit une comptabilité de tout ce qui a été perdu et n'est plus récupérable. Selon les structures de personnalité, la dépression de l'âge avancé peut survenir sur un simple accroc ou après accumulation de malheurs* [...].

Les idées suicidaires doivent être traitées avec toute l'attention nécessaire : chez la personne âgée, elles indiquent souvent un réel désir de mourir.

La démence

La démence constitue l'un des principaux, sinon le principal facteur de placement en établissement de la personne âgée (Shapiro et Tate, 1991). Mais on retrouve deux fois plus de personnes atteintes de démence vivant à domicile. C'est dire l'ampleur du problème.

Le tableau clinique de la démence se caractérise par une perte globale des fonctions cognitives d'une durée de plus de trois mois, sans altération de l'état de conscience. Ces deux caractéristiques aident à distinguer la démence du délirium.

La démence perturbe le fonctionnement social et individuel. Elle atteint la mémoire, la cognition, la capacité visuo-constructive, la personnalité, le langage, la praxie et la motricité. Entre 5 % et 10 % des personnes âgées souffrent d'une forme ou une autre de démence. L'ampleur du phénomène se révèle par la prévalence élevée de la démence dans les établissements de soins de longue durée : elle affecterait de 50 % à 75 % de la population très âgée. Néanmoins, 85 % des personnes démentes vivent dans leur communauté, le plus souvent avec des membres de leur famille et plus rarement avec une tierce personne (Bergman, 1989).

Une étude menée par le Conseil régional de la santé et des services sociaux de la région de Québec, en 1989, a démontré que des 647 personnes en attente d'hébergement (63,6 % de femmes et 36,3 % d'hommes, dont l'âge moyen s'établissait respectivement à 79 et à

75 ans), seulement 14,5 % étaient en mesure de gérer seules leur budget, 76,7 % présentaient au moins un déficit cognitif et 54,1 % avaient reçu au moins un diagnostic de problèmes psychogériatriques.

Déjà, en 1987, l'évaluation continue (classification par types de maladies en soins prolongés) des 433 résidents d'un centre hospitalier de soins de longue durée à Québec mettait en évidence le fait que 224 d'entre eux présentaient des déficits suffisants les empêchant d'administrer leurs biens et de consentir aux actes médicaux. En outre, environ 50 % des résidents de l'établissement, dont l'âge moyen s'élevait à 81 ans, présentaient à des degrés divers des pertes d'autonomie reliées à des déficits cognitifs ou affectifs suffisants pour rendre la perception de leur environnement anxiogène et redoutable (Matteau, 1989).

Cependant, au-delà des statistiques, il semble bien que la personne démente soit consciente de la perte de ses moyens, et ce dès les premiers stades de la maladie et jusqu'à ses derniers jours. Selon Brunet (1990) :

> *Contrairement au vieillard lucide qui peut se référer à son passé, le dément sent sa dérive : le dément a peur de l'inconnu, ne se sentant plus apte à l'apprivoiser [...] Le dément le plus gravement atteint demeure un individu capable de toutes les émotions : joie, peine, anxiété, dépression [...] un individu semblable à tout être humain normal qu'il faut traiter avec tout le respect et toute l'empathie dont on est capable.*

2.5.2 La formation

Voici les commentaires éloquents d'une équipe de psychogériatrie que le Groupe de travail a rencontrée :

> *L'équipe semble un carrefour de cas difficiles dans la communauté. On y vit un niveau de souffrance aiguë.*
>
> *Les gens âgés consultent trop peu et trop tard ; ils sont victimes de préjugés concernant le vieillissement, lequel est perçu comme un déclin ; les personnes âgées sous-estiment l'importance de leurs symptômes.*
>
> *La perte d'autonomie est un facteur très lié à la dépression.*
>
> *Le plus gros problème en psychogériatrie est de faire face à des problèmes chroniques, lourds et parfois irréversibles.*
>
> *Si la famille est bien informée et qu'elle partage le plan d'intervention, la démarche et le suivi seront beaucoup plus faciles.*
>
> *Les conjoints sont habituellement épuisés lorsqu'ils font une demande d'aide. Les soins sont encore considérés comme une obligation morale, une reconnaissance pour l'aide apportée par l'autre ; cette demande*

d'aide est de plus vécue comme un échec personnel. Les personnes sont alors tellement détériorées que l'institutionnalisation s'impose la plupart du temps.

Les services de répit aux familles devraient être offerts beaucoup plus précocement pour être réellement bénéfiques. Ils devraient également être davantage planifiés et prolongés parfois, selon la condition du malade.

Par respect pour la personne âgée en perte d'autonomie et par sympathie pour la famille qui a un grand besoin d'être comprise et soutenue, le Groupe de travail croit qu'il est important de former les intervenants en sciences de la santé pour qu'ils puissent répondre à ces besoins particuliers. Comme l'affirme Tobin (1991) :

L'objectif des établissements de renforcer le fonctionnement des résidents et de maintenir leur identité doit se traduire dans les interactions entre les résidents et le personnel de tout niveau. Une telle relation suppose une compréhension adéquate des comportements des résidents, même si de multiples difficultés font obstacle lorsqu'il s'agit de personnes démentes.

Selon Tobin, toute action des intervenants auprès des personnes peut contribuer à leur bien-être, à la condition de comprendre les mécanismes de défense et d'adaptation au vieillissement et aux affections sous-jacentes. Il faut retenir, par conséquent, que ce qui semble un comportement dysfonctionnel peut souvent s'avérer un comportement indispensable à la personne pour le maintien de son identité. Une bonne formation du personnel diminue les risques d'épuisement, de démotivation, le sentiment d'impuissance, et ce, tant du côté du personnel que de la famille, cette dernière représentant la meilleure alliée pour la mise en place d'un milieu de vie propre à favoriser l'identité et l'intégrité des personnes vieillissantes.

RECOMMANDATIONS

Pour mieux intervenir auprès des personnes qui souffrent de dépression

Attendu que la dépression véritable se présente sous la forme de problèmes tels que l'insomnie, la démoralisation, la perte d'intérêt, et que ces problèmes sont difficiles à exprimer par les personnes âgées ;

attendu que le registre des émotions et des problèmes de santé mentale comporte des difficultés d'interprétation pour certains praticiens;

attendu que la dépression grave augmente les risques de suicide;

attendu que les pertes (deuil, perte de santé, perte d'emploi) constituent l'un des facteurs «déclencheurs» de la dépression, et que ce facteur affecte particulièrement la population âgée;

le Groupe de travail recommande:

7. **que la Fédération des médecins omnipraticiens du Québec offre à ses membres, au moyen de la formation continue, des sessions régulières sur la santé mentale des personnes âgées;**

8. **que la complémentarité entre les psychiatres et les omnipraticiens soit assurée, dans toutes les régions, soit par entente, jumelage ou toute autre formule adéquate.**

Pour mieux assumer la problématique de la démence

Attendu que la démence présente actuellement un caractère inéluctable et qu'elle affecte plusieurs personnes très âgées;

attendu que la démence est un problème qui touche non seulement la personne âgée, mais également l'entourage, les familles, les enfants, les conjoints âgés qui, trop souvent, attendent d'être épuisés avant de demander aide et soutien;

attendu qu'une famille qui prend soin d'une personne démente est le plus souvent inexpérimentée et ignore ce qu'est la maladie, son évolution ainsi que les ressources disponibles pour maintenir à domicile la personne malade;

attendu que les comportements perturbateurs des personnes démentes semblent témoigner de besoins de sécurité, de compréhension, d'estime, besoins exacerbés par l'impossibilité de les exprimer normalement;

attendu qu'il est nécessaire d'assurer des services de qualité aux personnes atteintes de démence et de soutenir le personnel qui œuvre auprès d'elles;

attendu que les centres de recherche et de soins ont développé au Québec une somme appréciable d'expertises de nature bio-psycho-sociale propres à la problématique de la démence;

attendu que les énergies consacrées aux personnes démentes ne doivent pas occulter la nécessité de ménager une vie de qualité aux personnes lucides vivant en établissement;

le Groupe de travail recommande:

9. **que le ministère de la Santé et des Services sociaux considère la problématique de la démence chez les personnes âgées comme une priorité de santé publique;**

10. **qu'à cette fin le ministre forme un groupe de travail, en collaboration avec les régies régionales, pour étudier les répercussions de la démence sur le réseau sociosanitaire et la famille;**

11. **que l'ensemble des connaissances développées au Québec sur les problèmes cognitifs irréversibles constitue un cadre de référence provincial pour la formation des intervenants dans chacune des régions;**

12. **que des mécanismes d'évaluation des interventions de soutien (groupes d'entraide) soient prévus afin d'optimaliser l'efficacité du soutien aux familles qui s'en prévalent;**

13. **que les centres de jour facilitent l'accueil des personnes démentes dans la communauté;**

14. **que des services souples et coordonnés soient accessibles aux familles des personnes démentes afin de permettre à ces dernières de demeurer le plus longtemps possible dans leur milieu naturel.**

2.6 L'ACCÈS AUX SERVICES

2.6.1 Les obstacles aux services de réadaptation

L'accès aux services a été l'un des thèmes les plus abondamment discutés par les groupes de personnes âgées, les intervenants et les gestionnaires que le Groupe de travail a rencontrés. Les propos recueillis font référence presque exclusivement à des services du réseau public, y compris les services psychiatriques; ils concernent principalement les facteurs limitant l'accès aux services et la prestation de services appropriés. En voici le résumé.

– Les attitudes d'un certain nombre d'intervenants représentent une première série d'obstacles; ces attitudes seraient dues à un manque de sensibilisation et de connaissance en regard des problèmes de santé physique et mentale des personnes âgées.

– Les attitudes des personnes âgées elles-mêmes sont également mentionnées comme des obstacles à l'accès et à la prestation de services : difficulté d'exprimer les problèmes et de communiquer les symptômes; habitude de ne pas demander d'aide, etc.

– Les limites matérielles, tels le transport, le manque de moyens financiers, la difficulté d'utiliser les formulaires techniques, le manque d'information sur les ressources disponibles, constituent un troisième groupe d'obstacles.

– Le manque de services diversifiés et accessibles permettant de demeurer chez soi le plus longtemps possible a également fait l'objet de nombreux commentaires.

– Enfin, les groupes rencontrés ont insisté presque unanimement sur la nécessité de mettre en place des services de soutien à domicile élargis comme alternative au placement en établissement. Ces services prendraient diverses formes : aide dans les tâches domestiques, accompagnement et soutien aux aidants, etc.

Bien que le Québec bénéficie d'un système de santé et de services sociaux enviable, il est bien évident qu'il connaît des difficultés dans la mise en œuvre de services adéquats pour répondre aux besoins d'une population âgée qui augmente rapidement.

Sans pouvoir statuer de façon explicite sur l'avenir, il est plausible de prévoir que le système de services sera confronté, au cours du prochain demi-siècle et peut-être plus, à une prévalence élevée d'incapacités avant que l'on assiste à un recul de la morbidité (Fries, 1980). L'un des problèmes majeurs du grand âge demeure sans contredit la chronicité des troubles de santé. L'âge seul n'est pas nécessairement un facteur explicatif; cependant, il peut le devenir lorsque les risques s'accumulent et viennent s'ajouter aux difficultés du système de services.

En principe, le système de santé et de services sociaux québécois offre une gamme de services suffisamment variés pour répondre à la majorité des besoins de la population. Cependant, il est évident que les principes de base du système (accessibilité, complémentarité et continuité) se révèlent plus difficilement applicables lorsque ce dernier doit traiter des problèmes chroniques et des incapacités incurables (Racine et Joubert, 1990; Mustard, 1986).

Le défi relié au système de services consiste donc à répondre à de nouveaux problèmes de santé en tenant compte de l'ensemble des besoins de la personne et de son entourage, et à adapter les pratiques à des besoins non plus seulement immédiats, mais échelonnés dans le temps.

2.6.2 *L'adaptation–réadaptation*

À l'âge avancé, les problèmes de santé physique et mentale sont déterminants pour la qualité de vie des individus. Ils peuvent empêcher une personne d'exécuter certaines activités quotidiennes et d'exercer ses rôles habituels; par le fait même, ils diminuent la maîtrise que l'individu a sur sa vie.

Pour la personne âgée, l'incapacité se superpose aux difficultés inhérentes à la vie de tous les jours. Mais par-dessus tout, elle provoque « un rétrécissement dramatique de l'espace » (Levet-Gautrat, 1989). En fait, les déplacements peuvent être d'abord considérablement réduits du quartier à la rue, puis aux pièces de la maison; progressivement, l'espace se limitera au fauteuil ou au lit; d'autres problèmes entraîneront un rétrécissement de l'espace auditif, de l'espace visuel et de l'espace social. Ainsi, l'incapacité risque de mener au repli physique et affectif.

Dans le domaine de la santé et des services sociaux, l'adaptation–réadaptation désigne le regroupement des différents moyens mis en œuvre pour permettre à une personne ayant des limitations fonctionnelles de développer ses capacités et son autonomie sociale (Fougeyrollas, 1988). L'adaptation–réadaptation vise essentiellement à restaurer les rôles familiaux et sociaux de la personne âgée, ses capacités, ses privilèges, ses droits et responsabilités, son indépendance et sa liberté.

C'est un fait reconnu que l'accès aux services de réadaptation physique et psychologique est limité pour la population âgée. Les causes sont de plusieurs ordres: l'augmentation de la population âgée qui survient dans un contexte de contraintes financières, l'élargissement de la clientèle de services hier encore réservés aux plus jeunes, les stéréotypes reliés à «l'âgisme», la faiblesse des critères d'évaluation de la qualité de vie chez une personne qui présente une incapacité, le manque de formation des intervenants, le peu de place réservée à la réadaptation dans la réforme du système de santé, etc.

Toutefois, le défi majeur en matière de réadaptation physique et psychologique consiste à permettre à toute personne affligée d'une incapacité de demeurer un citoyen actif dans son milieu. Souvent, aujourd'hui, des difficultés techniques peuvent limiter l'accès aux services : méconnaissance des possibilités de rétablissement, délais dans le cheminement du client, utilisation inadéquate des ressources, insuffisance de coordination et manque de complémentarité des services (Laberge et Joubert, 1989).

RECOMMANDATIONS

Une meilleure coordination de l'adaptation–réadaptation

Attendu que le vieillissement de la population entraîne une augmentation des maladies chroniques et des incapacités secondaires qui affectent la santé mentale de plusieurs personnes âgées ;

attendu que l'objectif ultime de la réadaptation physique et psychologique est de permettre à toute personne ayant une incapacité de demeurer active et en bonne santé mentale ;

attendu que la vigilance s'impose si l'on veut assurer aux personnes âgées l'accessibilité aux services d'adaptation–réadaptation physique et psychologique ;

attendu que le modèle bio-psycho-social ainsi que l'approche multidisciplinaire renforcent les effets de la réadaptation ;

le Groupe de travail recommande :

15. **que les régies régionales renforcent auprès du réseau sociosanitaire l'utilisation du plan de services individualisé, qu'elles facilitent la formation continue des intervenants et qu'elles favorisent le fonctionnement interdisciplinaire des équipes des services de réadaptation physique et sociale.**

Le dépistage précoce et le soutien à long terme

Attendu que les services d'adaptation–réadaptation doivent réduire la gravité des conséquences, éviter le handicap ou le minimiser, compenser les conséquences organiques, fonctionnelles et sociales susceptibles de demeurer à long terme et d'affecter ainsi la santé mentale de la personne âgée;

le Groupe de travail recommande:

16. que le ministère de la Santé et des Services sociaux rende accessibles et disponibles à la personne âgée et à sa famille les services suivants:
    - le dépistage précoce des problèmes, le traitement des phases aiguës, l'adaptation–réadaptation intensive précoce en milieu hospitalier suivie de la réadaptation en moyen séjour;
    - des évaluations et des services d'aide pour favoriser l'accès aux programmes de soutien à long terme, lorsque les limitations fonctionnelles et les situations de handicap demeurent;

17. que le ministère de la Santé et des Services sociaux et les régies régionales veillent à ce que les établissements publics et privés aient accès systématiquement aux programmes existants de réadaptation et de réintégration sociale;

18. que les programmes de réadaptation soient accessibles en milieu naturel; que les CLSC, étant donné le rôle important qu'ils jouent en réadaptation physique et psychosociale, soient dotés des ressources suffisantes pour répondre adéquatement aux besoins;

19. que les spécialistes de la vue dirigent les personnes âgées atteintes de problèmes visuels graves vers les services d'adaptation–réadaptation, afin que ces personnes puissent développer des stratégies qui leur permettront de continuer à vivre dans leur milieu, ou qu'elles puissent améliorer leur qualité de vie en établissement;

20. que le personnel œuvrant auprès de la population âgée, dans la communauté ou en établissement, soit vigilant pour dépister toute difficulté de communication des personnes âgées avec leur entourage, afin d'évaluer la difficulté, de la corriger si possible ou encore de la compenser;

21. qu'une attention particulière soit apportée au suivi des personnes âgées en séjour de courte durée, afin qu'elles aient systématiquement et rapidement accès, si nécessaire, aux services de réadaptation après une affection aiguë.

«La confiance en soi constitue l'indice d'une force intérieure qui se traduit de mille et une manières.»

3

Les clés
d'une bonne santé mentale

Il y a des gens qui commencent à se préparer à mourir quand ils approchent de 70 ans; il y en a d'autres qui se préparent à vivre jusqu'à ce qu'ils aient 90 ans. Si ceux qui se préparent à vivre jusqu'à 90 ans meurent à 70, ils ne sauront pas la différence... Mais si ceux qui se préparent à mourir à 70 vivent jusqu'à 90, les dernières 20 années peuvent être infernales.

Un aîné de 93 ans.
(Sill, 1980, dans Hétu, 1988.)

L'analyse des liens entre le vieillissement, la santé physique et la santé mentale a démontré que le troisième âge constitue une étape de la vie qui s'inscrit en continuité avec les étapes antérieures. Ce qui est vrai pour la santé physique l'est également pour la dimension psychologique.

L'approche psychologique met en évidence l'importance des ressources personnelles qui peuvent aider la personne âgée à conserver et même à développer son autonomie jusqu'à sa mort. La prévention et la promotion de la santé mentale doivent être ici à l'ordre du jour, bien qu'il ne faille pas non plus exclure l'intervention directe.

La revue de la documentation scientifique et la consultation du Groupe de travail ont mis en évidence les facteurs psychologiques suivants comme étant ceux qui influent le plus sur la santé mentale de la personne âgée: la confiance en soi, la liberté d'action et le respect de soi par les autres.

3.1 LA CONFIANCE EN SOI

La confiance en soi s'acquiert lors de l'apprentissage du sens des responsabilités. Pour se développer puis se maintenir, elle nécessite que l'individu s'engage dans des tâches précises, où il se sent valorisé.

Au moment de la retraite, une personne peut parfois se remettre en question, se jugeant peu utile à la société. Elle peut même en arriver à agir d'une manière qui mettra en péril sa confiance, son estime de soi et, en définitive, sa santé mentale.

Les chercheurs ont bien analysé cette situation. Ils ont formulé diverses hypothèses et construit des théories qui aident à déterminer les facteurs qui favoriseront une retraite heureuse et satisfaisante.

3.1.1 Les théories

La théorie du désengagement, de Cumming et Henry (1961), a suscité beaucoup d'intérêt. Lauzon (1980) la résume ainsi:

> *Selon cette théorie, le nombre des activités et des rôles sociaux d'un individu diminue et les liens affectifs qui l'unissent à ses univers sociaux perdent leur intensité à mesure qu'il avance en âge. Ce processus de marginalisation de la personne vieillissante s'effectue sans heurts ni difficultés, car il est perçu comme normal et bénéfique, tant par l'individu concerné que par son entourage.*
>
> *Ce mouvement vers un désengagement **progressif** doit commencer à l'aube de la vieillesse et toucher la femme tout autant que l'homme. On le dit **universel**, c'est-à-dire qu'il est caractérisé par certaines régularités dans ses manifestations, quelles que soient les époques ou les sociétés (Rose, 1968).*
>
> *Le désengagement est **inévitable**, selon Cumming et Henry; pour l'individu qui n'a pas encore entrepris ce processus, il ne s'agit que d'une question de temps.*
>
> *Troisièmement, le désengagement est dit **intrinsèque**, c'est-à-dire qu'il n'est pas exclusivement conditionné par des facteurs exogènes. Une fois amorcé, il a un effet circulaire et progressif (Hochschild, 1975, p. 4).*

Cependant, les critiques se sont élevées, nombreuses. On aura compris qu'une telle théorie, déterministe et universelle, n'a pas satisfait les tenants du mouvement moderne qui veut que «succès» égale «action et production», et ce à tout âge. Un autre modèle d'explication a donc été remis en vogue, aux antipodes de la théorie du désengagement: la théorie de l'activité, développée par Cavan *et al.* (1949) et par Havighurst et Albrecht (1953). Selon ces chercheurs, une réduction d'activité dans une sphère donnée entraîne inévitablement une baisse dans un autre champ d'action. En outre, les personnes qui peuvent rester actives socialement seraient plus aptes à conserver une image positive d'elles-mêmes, notamment à cause de leur facilité à s'intégrer à de nouveaux rôles (Aumond, 1987). En définitive, engagement et vie active seraient garants du bonheur à la retraite.

Le Groupe de travail retient, quant à lui, la théorie de la continuité. C'est en se basant sur la structure de la personnalité que les théoriciens du développement ou de la continuité cherchent à expliquer la grande diversité dans les conduites et les attitudes des personnes âgées. Au-delà des déterminants biologiques, la personnalité de l'individu, affirment-ils, est marquée par l'ensemble des expériences vécues et des rôles sociaux que l'individu a assumés durant sa vie. Une fois arrivé à l'âge de la retraite, chacun continue de puiser dans ce passé pour s'adapter à sa nouvelle situation. En d'autres mots, bien que les activités de plusieurs retraités diminuent, leurs occupations présentes et leurs projets s'inscrivent dans une très large mesure en continuité avec leur passé (Lauzon, 1980).

Ceci oblige, d'une certaine façon, à remettre en cause les concepts de dégénérescence, d'âge chronologique, de cycles de vie, de travail et de loisirs «si l'on veut créer une mentalité nouvelle à l'égard du vieillissement», selon les termes de Côté (1982). Et le chercheur poursuit:

> *Pour Jones (1976), le champ de la recherche en gérontologie est occupé par deux théories opposées, qu'il nomme X et Y. La théorie X est celle du déclin, de la dégénérescence. La disparition observée des cellules cérébrales n'est pas compensée. Il s'ensuit une rigidité inévitable, une baisse des facultés intellectuelles... Placée sous la domination des facteurs physiologiques, cette théorie présente le développement humain selon le parcours de croissance suivant: naissance → maturité → décroissance → néant.*

> *Il faut cependant comprendre avec Gilbert (1981) que l'importance des pertes des fonctions principales de l'organisme humain varie selon les individus. En effet, que ce soit la capacité physique (cardiaque), la force musculaire, la résistance de l'organisme, l'habileté de coordination des mouvements à l'aide de signaux visuels, les capacités mentales sensorielles et motrices, toutes ces facultés commencent à diminuer tôt chez les jeunes pour se poursuivre dans le temps selon une fonction non linéaire. Cependant, le débat serait incomplet si nous ne soulignions pas la notion de capacité d'adaptation de l'organisme vivant. En effet, l'espèce humaine a la capacité*

de s'ajuster à des situations pour lesquelles elle n'est pas toujours parfaitement conçue.

Selon la théorie Y par contre, le déclin observé n'est pas toujours inévitable. Elle repose sur l'hypothèse que c'est le manque d'exercice de facultés qui entraîne leur détérioration et non le contraire. On peut agir sur certains facteurs, hygiène de la vie, traitements divers, mais c'est surtout l'exercice régulier des fonctions vitales qui en retarde le vieillissement.

Montplaisir et Dufour (1981, p. 32) soulignent que le phénomène du vieillissement a été considéré pendant longtemps comme un processus pathologique résultant des maladies et des accidents accumulés tout au cours de la vie. En assimilant la vieillesse à une maladie, on pouvait donc espérer l'éviter et s'adonner à la recherche d'élixirs et de ponctions magiques de jouvence capables de rajeunir et de prolonger la vie.

L'homme jouit d'une durée maximale de vie (100 à 110 ans) déterminée, semble-t-il, de façon génétique. La durée moyenne de sa vie dépend en grande partie des facteurs liés à son environnement. Ainsi, plusieurs phénomènes associés au vieillissement sont attribuables à l'environnement et l'homme peut repousser l'échéance de son vieillissement par l'action qu'il exerce sur les facteurs de son milieu, tels que l'alimentation, le poids, l'exercice, la vie professionnelle et familiale...

*Pour Carré (1979, p. 85), la thèse du maintien des aptitudes par l'activité peut nous amener à envisager une **théorie Z** qui ferait l'hypothèse d'une amélioration des facultés par l'usage, jusqu'au grand âge (Côté, 1982, p. 78-79).*

C'est dans cette perspective de continuité et dans le cadre de la psychologie dynamique que Champagne (1982) a élaboré sa théorie du tonus psychique inspirée de l'œuvre de Wallon, *L'enfant turbulent* (1925).

Pour Wallon, le tonus de l'enfant varie en fonction de son métabolisme interne et des excitations provenant de l'ambiance extérieure. Le tonus constitue donc la première expression intégrée de l'état d'ensemble de l'enfant, unissant étroitement sa vie végétative à sa vie relationnelle. En résumé, les émotions et les attitudes, qui résultent des variations de tonus, se modèlent sur l'entourage et sont modelées par lui. Tout facteur qui provoque une accumulation du tonus ou encore qui le contraint paraît néfaste à l'enfant.

Appliquées aux adultes, les notions de Wallon permettent de saisir l'importance du tonus dans la conservation de l'équilibre personnel et de l'estime de soi. Chaque individu a reçu une éducation qui a déterminé son mode personnel de formation, de consommation ou de conservation du tonus. S'estimer soi-mêmes, être bien dans sa peau, vivre pleinement sa vie à tout âge, c'est être en mesure de conserver un «minimum de cohésion intime et l'accord entre soi et autrui», pour reprendre l'expression de Wallon, ce qui suppose l'existence du tonus, cette source d'énergie qui permet d'adopter les attitudes physiques et psychiques essentielles pour conserver l'équilibre interne et externe.

> *Quand on est jeune adulte, la force physique permet d'acquérir un tonus physiologique fort, mais le manque d'expérience rend difficile le contrôle de son écoulement, de telle sorte que l'équilibre émotionnel n'est pas facile à conserver.*

> *À l'âge mûr, l'expérience aidant et le physique étant encore relativement fort, l'individu peut garder plus facilement la maîtrise de soi, c'est-à-dire utiliser à bon escient son tonus.*

> *À l'âge avancé, bien que le physique dénote des faiblesses évidentes, l'expérience a permis l'acquisition d'une sagesse qui facilite l'adaptation et la conversion au réel, garant de l'équilibre, grâce à un tonus psychique qui compense pour un physique en involution.*

> *L'être humain peut donc en tout temps et à tout âge recharger son tonus et l'utiliser à bon escient pour la sauvegarde de son estime de soi et l'obtention d'une maturité maximale tant que sa vie psychique n'est pas atteinte par la maladie* (Champagne, 1982, p. 64-65).

Les approches positives qui mettent en évidence la continuité dans le développement de la personnalité méritent d'être mieux connues du grand public et des individus.

Lors de ses rencontres avec des personnes âgées et des intervenants, le Groupe de travail a recueilli divers commentaires qui s'inspirent des théories esquissées ici. Comme ils provenaient souvent de participants engagés activement dans leur milieu, les commentaires faisaient souvent référence aux théories de l'«activité» et de la «continuité».

Les commentaires des personnes âgées

> *Être bénévole, c'est bon pour le moral. Ça m'aide beaucoup. Ça donne du courage. On aide les gens et c'est valorisant.*

> *Il est certain que ça n'aide pas de se voir plus limité en vieillissant. Toutefois, connaître des personnes qui vieillissent «sans décrocher»*

nous encourage à adopter une attitude favorable face à la vie et de toujours avoir un projet en tête.

Le fait de vieillir, de prendre de l'âge et de se voir transformé est une préoccupation mise de côté. On ne doit pas s'arrêter à ça.

Pour garder une bonne santé mentale, il faut se préparer, il faut sortir de son cocon, être actif, faire des choses et ne pas attendre que quelqu'un nous aide. Le meilleur moyen de vieillir et de perdre sa santé mentale, c'est de s'écraser devant la télévision, attendre et ne pas sortir.

Les personnes âgées ont aussi tendance à s'apitoyer sur leur sort, à se considérer vieilles et voir comme normal un ensemble de perturbations liées au vieillissement. Cette attitude face au vieillissement ne permet pas le maintien d'une bonne santé. Il faut garder un bon moral, accepter son identité et ne pas avoir peur de vieillir.

L'estime de soi est une question importante pour une bonne santé mentale. De savoir prendre la vie du bon côté et accepter son vieillissement aide à garder un bon moral. Prendre ses responsabilités lorsqu'on vieillit, c'est se préparer pour l'avenir, prévoir ce qu'on veut devenir et réaliser les actions nécessaires pour y arriver. Par exemple, il faut envisager casser maison si on manque d'autonomie, sans attendre que les autres ou les enfants décident à notre place.

Une attitude bien ancrée mais qui tend à disparaître chez les aînés est de s'écraser après leur retraite et de se considérer vieux et de ne plus vouloir rien faire. Tout ça n'aide pas à avoir une bonne santé mentale et à être satisfait de notre vie.

Au moment de la retraite, il est important de continuer à avoir des projets et à demeurer actif. Nous devons nous adapter aux changements et avoir des activités.

On se sent utile par le fait que nos enfants ont encore besoin de nous autres. On aide beaucoup nos enfants.

Les commentaires des intervenants

[...] pour les personnes âgées, l'accent doit être mis sur les moyens pour rompre l'isolement et leur donner des rôles dans la société.

Les notions de perte de rôle social, perte d'amis, perte d'emploi sont importantes pour l'image de soi, qui a une influence sur la santé mentale.

La notion de la retraite doit être revue. Pourquoi? Parce qu'elle fait exclusion et fait obstacle à la participation à notre monde.

Les activités des personnes retraitées sont souvent vides de sens en termes de ce que ça peut apporter à la société. On a intérêt à convaincre les personnes âgées qu'elles peuvent apporter des choses à la société et qu'elles représentent des modèles puisqu'elles ont une relative sagesse à propager.

[...] les rôles de maintenant ne sont plus les rôles du passé et il faut clamer de nouveaux statuts et de nouveaux rôles pour demeurer participants dans la société. La prise en charge par soi-même, la participation à la vie sociale et la participation à la vie tout court sont très importantes pour la santé mentale des personnes vieillissantes. La personne âgée doit s'intéresser au monde d'aujourd'hui et demeurer participante à ce monde en évolution.

La satisfaction d'entreprendre des défis, de faire des choses et d'aider les autres contribue à une bonne santé mentale lorsqu'on vieillit.

En définitive, les témoignages comme les théories confirment que la confiance en soi constitue l'indice d'une force intérieure qui se traduit de mille et une manières. Si elle cesse de se manifester, c'est alors le signal d'un manque de vitalité intérieure qui peut conduire très rapidement à une perte d'autonomie. Il est donc primordial, tant pour l'individu que pour l'intervenant, d'apporter une attention particulière à ce facteur et de prendre sans cesse les mesures nécessaires au maintien de la confiance en soi.

3.1.2 *Préparer et bien vivre sa retraite*

La retraite n'est pas quelque chose que l'on règle à un moment précis et que l'on oublie immédiatement après; plutôt elle consiste en un processus et à ce titre exige une acceptation constante du changement et une volonté d'adaptation inaltérable. (Zay, 1985, p. 49.)

La retraite doit d'abord être perçue comme une étape qui s'inscrit dans le continuum de la vie. Les individus acceptent plus ou moins facilement de prendre leur retraite. Selon chacun, les projets pour l'après-retraite sont plus ou moins nombreux et précis, l'euphorie des premiers mois est plus ou moins intense, la déception ou la frustration, après quelque temps, est plus ou moins forte, et l'adaptation, à la suite de choix définitifs d'engagement, est plus ou moins réussie. Une chose est sûre cependant: il revient à l'individu et à lui seul d'accepter et de s'adapter à cette nouvelle étape de la vie.

La retraite est synonyme d'un changement de rôle majeur, mais ses conséquences varient beaucoup, en fonction de plusieurs éléments: la signification du travail rémunéré pour l'individu, la préparation antérieure, les circonstances entourant l'événement, la santé physique de l'individu, sa situation familiale et sa situation économique.

Le fait pour un individu de participer à des activités significatives peut devenir une importante source de valorisation. Les relations avec les pairs sont importantes pour les aînés; les gouvernements misent beaucoup, par exemple, sur les associations de personnes âgées, qui constituent des éléments clés pour l'intégration sociale.

Un des besoins essentiels de la personne âgée est de se sentir engagée dans l'évolution de la vie. L'éducation continue représente un bon moyen pour les aînés de prendre conscience de leurs capacités, d'acquérir de nouvelles connaissances et d'être stimulés intellectuellement. L'éducation peut être reçue à l'intérieur d'une structure formelle ou informelle, transmise par un professeur, un animateur. Elle peut aussi être obtenue en écoutant une émission de radio ou de télévision.

Des relations « intergénérationnelles » se créent tout naturellement au sein des familles et dans les communautés, mais elles peuvent aussi être planifiées. En effet, le Groupe de travail a constaté que plusieurs régions offrent des activités innovatrices qui favorisent les échanges entre générations. Par exemple, des grands-parents substituts agissent comme bénévoles auprès des enfants dans les hôpitaux; des personnes âgées partagent leurs connaissances avec des jeunes dans des écoles primaires et secondaires; dans les écoles secondaires, on élabore des programmes de bénévolat auprès des aînés. Certaines personnes âgées semblent trouver beaucoup de satisfaction dans ce genre de relations qui compensent parfois la présence d'un petit-enfant qui vit au loin.

Pourtant, il faut bien avouer que, pour plusieurs, le moment de la retraite s'accompagne souvent d'une crise, et pour cause. Plamondon et Plamondon (1982) ont bien identifié les éléments de cette crise. Quand un individu quitte le marché du travail, il subit trois transformations majeures.

1. Une modification du réseau social :
    –   perte des contacts sociaux développés dans le milieu de travail;
    –   carence d'un réseau social autre que celui du milieu de travail;
    –   diminution et parfois disparition des activités habituelles à la suite de la prise de la retraite;
    –   fermeture du champ social due à la diminution du rôle social;
    –   baisse des revenus, ce qui peut signifier parfois la pauvreté et presque toujours une diminution du pouvoir de consommation.

2. Une modification de la perception de soi:
    - acceptation et adaptation à cette nouvelle période de vie;
    - intégration au groupe des «retraités»;
    - diminution des capacités physiques;
    - nécessité d'une auto-évaluation pour une orientation nouvelle.
3. Une modification du réseau familial:
    - retour à la maison qui nécessite une ambiance renouvelée;
    - réaménagement spatio-temporel qui signifie se tailler une place nouvelle chez soi;
    - structure de nouvelles communications avec le conjoint et les enfants qui ne voient plus le retraité sous le même angle qu'avant.

Toutes ces transformations ne s'improvisent pas; il faut s'y préparer. Or, comme la retraite est souvent vécue par plusieurs comme un moment angoissant et problématique, la société doit permettre aux travailleurs et aux travailleuses, ainsi qu'à leurs conjoints, d'acquérir une bonne préparation en cours d'emploi. De plus, il faut également songer à rendre disponibles des activités d'adaptation à la vie de retraité. La prévention demeure le moyen le plus sûr de maintenir ou même d'améliorer la santé mentale.

RECOMMANDATIONS

Le rôle des aînés dans leur prise en charge

Attendu l'importance de la confiance en soi pour la personne âgée;

attendu que la confiance en soi se nourrit de l'engagement et de la participation constante à son propre développement;

attendu que cet engagement et cette participation se traduisent, dans les faits, par la contribution des aînés à la recherche de solutions à leurs problèmes;

attendu que cet engagement et cette participation favorisent les solutions réalistes qui respectent les droits des aînés;

le Groupe de travail recommande:

22. que le ministère de la Santé et des Services sociaux s'assure de la participation des aînés dans les projets qui les

concernent et qui sont présentés par les associations de bénévoles et les organismes communautaires, et qu'il fasse de cette participation une condition de financement des projets.

La formation pour les préretraités et les postretraités

Attendu que la personne vieillissante doit vivre en continuité avec son passé;

attendu qu'elle doit s'adapter aux nombreux changements et pertes, particulièrement à la prise de la retraite;

attendu que l'équilibre psychique n'est pas facile à conserver dans le processus de continuité;

le Groupe de travail recommande:

23. que les ministères du Travail et de la Main-d'œuvre, de la Sécurité du revenu et de la Formation professionnelle, en collaboration avec les syndicats, encouragent les employeurs à offrir périodiquement à leurs employés l'occasion de faire le point sur leur vie professionnelle et, au besoin, de réorienter leur carrière pour maintenir leur qualité de vie et leur santé, et pour se préparer une retraite satisfaisante; que ces ministères favorisent le développement de formules de travail plus flexibles et mieux adaptées aux personnes âgées qui désirent rester actives (conditions et horaires de travail, temps partiel, temps partagé, etc.);

24. que le ministère de la Santé et des Services sociaux, en collaboration avec le ministère de l'Éducation et les diverses associations de retraités, offre des sessions de «postretraite» aux personnes qui ont quitté le marché du travail depuis quelques années et qui ont eu à s'adapter à un nouveau mode de vie.

3.1.3 *Le rôle du spécialiste en psychogérontologie*

Les études en gérontologie indiquent que les transformations liées au vieillissement mettent en cause les références internes profondes des personnes. Certains anthropologues ont même parlé de la nécessité, pour l'individu nord-américain qui vieillit, de rompre avec les valeurs de référence de la société. Les personnes qui ne parviendraient pas à effectuer ce passage seraient beaucoup plus vulnérables aux problèmes de santé mentale (Clark et Anderson, 1967). La perte d'autonomie constitue le signe le plus évident de difficultés d'adaptation. Elle se traduit par une série de problèmes: physiques, psychiques, sociaux, fonctionnels. Toutefois, elle est souvent réversible, une fois la cause identifiée (Hébert, 1987).

Tout individu en perte d'autonomie exige donc qu'on lui accorde une attention particulière: sa situation et son état doivent être évalués de façon exhaustive. À cet égard, la formation des médecins et des intervenants du domaine de la santé est aussi importante que la nécessité de former d'excellents spécialistes en psychogérontologie.

Dans la vie de tous les jours, la personne âgée qui vit à domicile ou en établissement a davantage besoin d'un soutien psychologique que physique. Une diminution progressive du goût de prendre des initiatives, un manque d'intérêt, une baisse de l'attention due à l'affaiblissement de l'énergie vitale, une diminution de la motivation à la suite de la réduction de l'affect, tous ces facteurs associés à l'isolement, à la solitude, à la pauvreté relative et à une santé chancelante font que l'état dépressif peut s'installer imperceptiblement.

Une profonde prise de conscience personnelle est alors nécessaire si la personne veut conserver sa santé mentale. Mais certains aînés, aux prises avec des problèmes personnels, ont parfois de la difficulté à trouver une oreille compétente pour les écouter et leur venir en aide: il faut bien constater le manque crucial d'intervenants spécialisés en psychogérontologie.

Par ailleurs, des préoccupations d'ordre spirituel sont intimement liées aux facteurs psychologiques. Au Québec, est-il besoin de le rappeler, les aînés manifestent toujours un «attachement respectueux à l'Église qui s'exprime dans leur comportement par la fidélité aux traditions ecclésiales et, négativement, par la résistance à une certaine évolution des structures traditionnelles» (Paré, 1982, p. 113). Cette attitude est très répandue. Ainsi, les aînés que le Groupe de travail a rencontrés lors de la consultation ont classé le facteur «spiritualité» avant même la vie sociale, l'argent et le transport.

Ce serait une erreur d'ignorer l'importance de ce facteur; certaines personnes âgées peuvent avoir besoin de soutien dans ce domaine, car elles sont souvent perturbées, comme le note Simone Paré (1983, p. 82-83):

Fermées à une catéchèse qui ne s'adresse pas à elles, les personnes âgées modèlent leurs croyances sur les agissements, pas toujours orthodoxes, de leur entourage, se disent que le relâchement moral dont elles sont témoins prouve que rien n'est juste ni vrai de ce qui leur a été enseigné, oublient les points de repère qui ont soutenu la foi de leur jeunesse et souvent en veulent résolument à la morale chrétienne qui, disent-elles, leur a défendu, au nom d'une certitude de dévouement à la «revanche des berceaux», au nom d'une interprétation tracassière des lois divines et ecclésiastiques, des comportements qu'elle accepte aujourd'hui. Comment leur expliquer que la théologie, comme toute science et en excluant son objet qui est Dieu et qui ne saurait changer, évolue, qu'elle doit le faire, que la morale peut s'inspirer des découvertes des sciences du développement de la constitution et de l'agir humain?

En définitive, les aînés ont un urgent besoin de professionnels en psychogérontologie et en pastorale. Si, comme collectivité, on ne fournit pas les efforts de prévention nécessaires, il sera difficile pour un grand nombre de personnes âgées d'accepter les nombreuses pertes qu'elles subissent inévitablement et de s'y adapter. Plusieurs seront ainsi plus dépendantes et plus vulnérables à la maladie et à la vie en établissement.

RECOMMANDATIONS

La formation universitaire en psychogérontologie

Attendu que la confiance en soi est essentielle au maintien de l'estime de soi et de l'autonomie de la personne âgée;

attendu que l'aîné a un besoin normal d'aide psychologique aussi bien que physique, matérielle ou sociale;

attendu que les intervenants, professionnels ou autres, n'ont pas toujours la compétence nécessaire pour répondre aux besoins d'ordre psychologique de la personne âgée;

attendu que l'on trouve très rarement, dans le réseau de la santé et des services sociaux, un personnel qualifié, dont la tâche principale est de répondre aux besoins psychologiques des personnes âgées;

le Groupe de travail recommande:

25. que les universités québécoises développent des programmes en psychogérontologie et en pastorale, tant au
niveau du premier cycle qu'au niveau des études avancées,
pour répondre au besoin de formation des intervenants
actuels et futurs œuvrant auprès des personnes âgées;

26. que le ministère de la Santé et des Services sociaux finance
la création de postes, dans les CLSC, les centres d'accueil
pour personnes âgées et les centres hospitaliers de soins
de longue durée, pour des professionnels universitaires
qualifiés en psychogérontologie, dont le mandat principal
serait de travailler en prévention et en promotion de la
santé mentale, principalement auprès des personnes âgées
et des intervenants de toutes catégories, incluant la famille.

3.2 LA LIBERTÉ

3.2.1 Le lieu de contrôle

Il est intéressant de noter l'importance qu'accordent les personnes âgées
rencontrées à la «liberté de faire ce qu'elles veulent». Ce facteur renvoie
directement à la notion de «contrôle» développée par Rotter (1962,
1966) et enrichie par Pettersen et Bordeleau (1982). Ces derniers en sont
venus à définir ainsi le lieu de contrôle.

> *Sur le plan théorique, le lieu de contrôle interne est défini par la
> perception qu'a un individu d'être capable de changer ou d'altérer
> la probabilité d'apparition des événements qui l'entourent, et cela
> peu importe les stratégies envisagées. De la même façon, le lieu de
> contrôle externe traduit la perception d'un individu qui, peu importe
> les stratégies envisagées, ne croit pas en son emprise sur les évé-
> nements qui l'entourent.*

À partir de l'échelle de Rotter intitulée *The Internal–External Control
Scale* (1966), plusieurs recherches ont été menées dans le but de considérer le lieu de contrôle en relation avec différentes variables. De façon
générale, les chercheurs soutiennent que le fait d'appartenir à une
minorité, par exemple le groupe des personnes âgées, ou à une classe
sociale inférieure favorise une pensée externaliste (Cantin, 1975). Plus
particulièrement, il semblerait que le niveau d'éducation, qui différencie
souvent, comme on le sait, les classes sociales, jouerait un rôle sur le
lieu de contrôle. Ainsi, Kuypers (1972) a remarqué que 28 % des externes

avaient huit ans ou moins de scolarité, alors que tous les internes avaient au moins une formation de niveau secondaire.

Quant à l'âge, son influence sur le lieu de contrôle ne semble pas évidente. Ainsi, Kuypers (1972) et Teski *et al.* (1980) n'ont pas trouvé de relation significative entre les deux variables. Par contre, plusieurs recherches mentionnées par Allard (1982) confirmaient l'influence de l'avance en âge sur le lieu de contrôle; cette influence se manifesterait par un déplacement progressif vers le pôle de l'internalité, au fur et à mesure que l'individu vieillit.

Un fait semble cependant beaucoup plus sûr: les femmes âgées qui ont œuvré sur le marché du travail pendant leur vie active sont plus internes que celles qui sont toujours demeurées au foyer (Teski *et al.*, 1980).

Quoi qu'il en soit, selon que le lieu de contrôle est plus interne qu'externe, la personne âgée ressent un plus grand besoin de faire librement ce qu'elle veut. En conséquence, l'attitude des intervenants a une importance primordiale sur le maintien et le développement du lieu de contrôle plus ou moins interne de la personne âgée, qui permet à cette dernière de demeurer maîtresse de ses décisions.

Soulignons que le maintien d'un lieu de contrôle interne sur le continuum bipolaire interne–externe repose avant tout sur la volonté de la personne de maintenir son pouvoir de décision. Selon les personnes âgées rencontrées, la confiance en soi, qui prend son origine sur un lieu de contrôle interne, permet de s'affirmer, d'exprimer ses émotions, de s'accepter tel que l'on est et d'avoir une image positive de soi, mais aussi de lutter pour conserver son pouvoir de décision.

Toutefois, il n'est pas facile pour la personne âgée de manifester, d'exprimer et de défendre sa liberté de faire ce qu'elle veut lorsqu'on analyse, comme l'a fait Rosow (1985), la perte du rôle social qu'elle doit subir:

- la personne âgée est exclue d'une participation sociale significative, ce qui la dévalorise;
- le vieillissement est le premier stade de la vie où toute une cohorte perd son rang social, ce qui cause une brisure dans le développement;
- aucun processus de socialisation n'existe durant la vieillesse;
- la société n'accorde pas de rôle social à la personne âgée;
- la perte du rôle prive la personne âgée de son identité sociale.

Ainsi, on comprend qu'il ne soit pas facile pour la personne âgée de conserver sa santé mentale pour pouvoir s'affirmer. Toutefois, et fort heureusement, l'individualité implique beaucoup plus que le fait d'assumer ou de se départir d'un rôle. Selon l'enquête de MacRae (1990), 74 % des femmes âgées interviewées ne se considéraient pas vieilles. Leur perception était contextuelle : elles se sentaient vieilles quand elles étaient malades, quand elles s'ennuyaient ou quand elles se trouvaient parmi un groupe de personnes plus jeunes.

On peut donc conclure que c'est d'abord l'attitude positive de la personne âgée qui assure sa liberté et son autonomie.

3.2.2 La liberté en établissement

Le rôle premier de tout intervenant est d'aider la personne à maintenir une attitude positive. Parmi ceux que le Groupe de travail a rencontrés, certains l'ont bien compris :

> *Respecter le choix d'une personne vieillissante, c'est favoriser sa santé mentale.*

> *Il faut trouver le moyen de donner la parole aux personnes concernées pour qu'elles puissent exprimer elles-mêmes leurs besoins.*

> *[...] une politique de santé mentale pour personnes vieillissantes ne doit pas se limiter à un encadrement ; elle doit dépasser les cadres pour essentiellement donner une relative liberté de choix [...]. Il est entendu qu'il y a des conditions sociales, économiques, familiales et personnelles qui font en sorte que les choix des personnes sont restreints. Ainsi, dans une politique, on ne peut offrir tous les choix à tout le monde. Toutefois, on doit proposer une possibilité de choix aux personnes elles-mêmes, et non pas aux intervenants du réseau.*

Ces propos soulèvent une importante polémique. On sait combien la planification et l'évaluation sont essentielles dans le réseau de la santé et des services sociaux, où tout est mesuré à l'aune des heures-soins, de la répartition des tâches, du budget. Or, respecter la volonté de la personne âgée peut parfois signifier concrètement que l'on ne peut donner suite aux résultats d'une évaluation si les décisions qu'elle entraîne ne plaisent pas à la personne âgée.

Le choix d'une solution acceptable pour tous repose, la plupart du temps, sur la qualité professionnelle de l'intervenant. Si ce dernier connaît bien la situation, les problèmes et l'état psychologique de la personne âgée, il saura la respecter, la comprendre et l'aider.

Le préposé qui vit quotidiennement avec les personnes âgées fait face continuellement à un dilemme : respecter la liberté de la personne âgée ou imposer une décision justifiée. La personne âgée, quant à elle, est confrontée à un autre dilemme : elle respecte les décisions du préposé ou elle risque d'être rejetée.

L'idéologie de la productivité et du rendement, qui occupe aujourd'hui une place centrale dans la gestion du personnel, ne doit pas se développer au détriment du respect de la personne âgée. La solution repose essentiellement sur la qualité de l'intervenant. Plus ce dernier sera qualifié, plus il sera en mesure de trouver des solutions, applicables quotidiennement, qui permettront de concilier efficacité et respect de la personne. Bien que la formation ne représente pas le seul remède, elle peut aider grandement celui qui possède déjà les qualités humaines de base à acquérir un savoir et un savoir-faire essentiels.

En résumé, la «liberté de faire ce que je veux» signifie, pour la personne âgée, pouvoir refuser de dépendre des autres et des événements, maintenir son indépendance mentale malgré parfois une dépendance physique ou financière et, surtout, conserver son droit de décider. L'entourage doit accepter et favoriser cette liberté. Voilà pourquoi il importe que le ministère de la Santé et des Services sociaux prenne les mesures qui s'imposent pour que les intervenants en gérontologie soient vraiment qualifiés pour répondre aux demandes et respecter les décisions des personnes âgées et de leur famille.

D'autre part, il importe également que le ministère de la Santé et des Services sociaux, le ministère de l'Enseignement supérieur et de la Science et le ministère de l'Éducation établissent, pour la formation en psychogérontologie, des frontières entre les universités, les cégeps et les commissions scolaires. Il est temps que cessent ces offres de cours de toutes sortes et de tous les niveaux, difficiles à évaluer tant par l'employeur que par l'étudiant.

RECOMMANDATIONS

Les préalables pour travailler auprès des personnes âgées

Attendu que la liberté de décision favorise la santé mentale des personnes âgées ;

attendu que la personnalité, le passé et la diminution des capacités physiques d'un aîné peuvent entraîner le développement d'une dépendance excessive ;

attendu que l'obligation d'être productif, tant dans le secteur public que parapublic ou privé, oblige les employés œuvrant auprès des personnes âgées à opter pour le rendement, mesuré par la quantité de travail beaucoup plus que par la qualité du travail;

attendu que ce sont les préposés, soit ceux qui travaillent immédiatement auprès de la personne âgée, qui sont le plus susceptibles d'entretenir des stéréotypes et d'adopter des comportements qui diminuent le besoin d'indépendance et qui affaiblissent la capacité de décision de la personne âgée;

le Groupe de travail recommande:

27. **que le ministère de la Santé et des Services sociaux, en collaboration avec le ministère de l'Éducation, les cégeps et les commissions scolaires, élabore et offre, de façon graduelle et systématique, des sessions de formation en psychogérontologie aux préposés œuvrant auprès des personnes âgées vivant à domicile ou en établissement;**

28. **que le ministère de la Santé et des Services sociaux intervienne énergiquement auprès des employeurs et des syndicats pour qu'une formation en psychogérontologie, précisée selon le niveau de l'emploi, soit toujours préalable à tout travail auprès des personnes âgées.**

3.3 LE RESPECT

3.3.1 Les relations entre les générations

Les aînés réclament que soit enrayée la marginalisation des personnes âgées. La majorité souhaite avoir une place dans la société. Le Groupe de travail a recueilli beaucoup de commentaires qui vont dans ce sens.

> *Occuper sa place dans la société, se sentir aimé et utile sont des besoins fondamentaux à combler pour une bonne santé mentale des gens âgés.*

> *Changer les règles de participation des clients, des bénéficiaires ou des résidents sur des comités formés de personnes compétentes. Il est difficile de fonctionner avec des personnes compétentes, surtout lorsque les instances gouvernementales semblent peu reconnaître les apports des participants. L'idée de se concerter est excellente; toutefois, l'expérience est pourrie. Ce n'est pas possible de participer,*

quand on est une personne ordinaire, à des comités avec des gens qui nous traitent comme des innocents.

La société ne comprend pas les personnes âgées.

Il peut arriver qu'on émette une opinion dans la famille et il y a un sourire qui apparaît. Ça finit par nous renfermer sur nous-mêmes.

La crainte de ne pas être accepté et respecté diminue la confiance en soi.

Ces propos font ressortir qu'un fossé se creuse entre les générations. Différentes causes ont été relevées par plusieurs auteurs.

Selon Guillemard (1974, p. 41 dans Lauzon, 1980), les relations sociales sont fondées sur le principe de l'échange et de la réciprocité. Par conséquent «le processus de dévalorisation sociale [...] est plus rapide chez ceux qui ne disposent pas comme monnaie d'échanges sociaux d'aucune des formes de ce que nous avons appelé le capital économique ou culturel». Les théoriciens du conflit postulent donc que la personne âgée sans ressources, une fois arrivée à l'âge de la retraite, se trouve isolée et en rupture avec le reste de la société: c'est la mort sociale. Au lieu de mettre l'accent sur des mesures qui favoriseraient l'adaptation du retraité, comme l'avaient fait les théoriciens de l'activité, les solutions proposées s'inscrivent plutôt dans un processus de trans-formation sociale qui modifierait tant les conditions de travail que les rapports entre les périodes de travail et de non-travail. En somme, cette théorie soutient que c'est «en intervenant en amont» (Guillemard, 1974, p. 41) plutôt qu'à la retraite que l'on améliorera le sort des retraités les plus démunis.

Riley, Johnson et Foner (1972), auteurs de la théorie de la stratification selon les âges, soutiennent plutôt que toute société est hiérarchisée et que l'âge occupe une place de premier choix parmi les critères de gradation. Selon ces auteurs, l'âge détermine non seulement les rôles sociaux que l'individu est appelé à jouer aux diverses étapes de sa vie, mais il est à la source des inégalités sociales entre les générations.

Marshall et Tindale (1980) préfèrent quant à eux parler de «conflit entre générations» plutôt que de stratification. Ils estiment en effet que, autant parce qu'ils ont des intérêts en commun que parce qu'ils ont partagé durant leur vie un ensemble d'expériences, les membres d'une même génération développent une conscience collective ou de classe. Les différentes consciences collectives selon les classes d'âges entraî-neraient des affrontements et des conflits intergénérationnels. Lauzon

(1980, p. 9) ajoute que, même entre personnes âgées, l'acceptation et le respect de soi ne sont pas toujours acquis:

> *Ce manque de cohésion et de vision est également observé au sein des regroupements de personnes âgées. Traditionnellement recrutés parmi les groupes les plus avantagés de la société, les «leaders» de ces associations n'ont que rarement la préparation requise pour assumer adéquatement leur rôle. Étant eux-mêmes des privilégiés par rapport à ceux qu'ils sont censés représenter, ces chefs ne sont pas toujours sensibilisés aux véritables besoins de leurs membres, ni aux moyens qu'ils devraient mettre en œuvre afin de mettre un terme à l'isolement et à la pauvreté des plus démunis des leurs. De plus, plusieurs d'entre eux sont trop souvent, hélas, réfractaires aux changements, et ils n'ont pas encore acquis l'habitude du travail d'équipe.*

En résumé, l'acceptation et le respect de soi par les autres se révèlent primordiaux pour la santé mentale de la personne âgée. Leur importance augmentera encore avec l'évolution démographique. La plus grande place que les aînés occuperont désormais dans la société, en d'autres mots la montée du pouvoir gris, pourra entraîner de nouveaux malentendus.

3.3.2 Les atteintes à l'intégrité de la personne âgée

Les atteintes à l'intégrité des personnes âgées peuvent prendre diverses formes, selon leur provenance. Johnson (1986 dans Hétu, 1988) en énumère plusieurs: l'humiliation, le blâme, la culpabilité, l'intimidation, l'infantilisation, le harcèlement, la manipulation et la prise de décision à la place de la personne. Ces attitudes négatives donnent souvent naissance à un sentiment d'insécurité et de doute.

Se sentir constamment diminué, non accepté, quand ce n'est pas tout simplement rejeté, devient pour l'individu âgé un supplice qui le conduit parfois au repli complet sur lui-même. Une telle situation peut affecter autant la personne vivant en établissement que celle qui demeure à domicile. On comprendra donc aisément que les personnes âgées rencontrées aient accordé beaucoup d'importance à l'acceptation et au respect de soi par les autres, et à leurs effets sur la santé mentale.

Toute personne âgée peut être victime, à des degrés divers, d'atteintes à son intégrité. Il y a donc un travail considérable de promotion à entreprendre pour lutter contre les injustices, les préjugés et les perceptions négatives qui ont cours dans la société et qui peuvent affecter, tôt ou tard et plus ou moins, notre perception de notre propre vieillissement.

RECOMMANDATION

L'acceptation et le respect de soi par les autres

Attendu l'importance pour la personne âgée d'être acceptée et respectée par les autres;

attendu que la personne âgée devient plus vulnérable à ce que l'entourage peut penser ou dire d'elle, vu la perte de rôle social qui la rend plus ou moins sans défense active;

attendu les conflits possibles entre les générations;

attendu l'importance de la valorisation de soi pour la conservation de la santé mentale;

le Groupe de travail recommande:

29. que le ministère de la Santé et des Services sociaux mette au point, en liaison avec le ministère de l'Enseignement supérieur et de la Science et le ministère de l'Éducation, des campagnes de promotion, particulièrement auprès des jeunes dans les écoles et les collèges, visant à changer les attitudes négatives et à lutter contre les préjugés à l'endroit des personnes âgées.

3.3.3 La sécurité

Les caractéristiques du milieu peuvent influer énormément sur la qualité de vie. Mais les personnes âgées ressentent souvent peu de maîtrise de leur milieu. Elles veulent cependant s'y sentir en sécurité, surtout si leur autonomie est compromise par des problèmes de santé.

Quand la personne âgée sent ses capacités diminuer, elle devrait être protégée contre les dangers d'accident ou de «victimisation» et avoir l'assurance qu'elle n'aura normalement pas besoin de changer de logement ni de s'adapter à un nouveau milieu de vie. Elle devrait également pouvoir compter sur les services dont elle a besoin. Ces éléments de sécurité favorisent la santé mentale; en leur absence, la personne âgée risque de développer un niveau élevé de stress ou d'anxiété. Trouver le moyen terme entre l'autonomie et la sécurité représente un défi majeur pour ceux qui s'intéressent à la qualité de l'environnement des aînés (Blandford, Chappell et Home, 1990).

Plusieurs personnes âgées craignent d'être victimes d'accidents et de crimes: assaut, vol, vandalisme, incendie. Ces craintes ont été citées par plusieurs comme des entraves à leur sécurité, dans une consultation publiée par le Conseil consultatif national sur le troisième âge en 1989.

Les personnes âgées se blessent plus souvent à la maison qu'à l'extérieur. Cela s'explique en partie du fait que plusieurs passent beaucoup plus de temps à la maison que les personnes plus jeunes. Les conditions de leur logement sont également parfois en cause. Par ailleurs, plusieurs souffrent de pertes sensorielles, cognitives ou autres, ce qui représente autant de handicaps. Le taux d'accidents chez les aînés et les jeunes enfants est plusieurs fois supérieur à ceux que l'on observe dans les autres groupes d'âge (Consumer Product and Safety Commission, 1986).

Les aides technologiques et les adaptations environnementales, qui sont susceptibles d'accroître les sentiments de sécurité et d'autonomie chez les personnes âgées, devraient être évaluées de façon systématique. Les résultats de ces évaluations pourraient être facilement diffusés aux personnes âgées et aux aidants naturels (directement, par les services d'information publique, ou encore par l'intermédiaire de conseillers). Les aides et les adaptations qui sont jugées utiles devraient être offertes à un prix abordable aux personnes dont les besoins sont bien établis.

Les personnes âgées sont moins souvent victimes de crimes que les plus jeunes. En effet, le taux de victimisation diminue rapidement avec l'avance en âge. Malgré ce fait, les personnes âgées se sentent souvent plus vulnérables et savent qu'elles risquent d'être moins en mesure de récupérer après une telle épreuve. Un sondage canadien sur la victimisation en milieu urbain rapportait que 54 % des personnes âgées interrogées ne se sentent pas en sécurité lorsqu'elles marchent seules dans leur quartier après la tombée du jour (Solliciteur général du Canada, 1984).

Il n'est donc pas surprenant que les personnes âgées consultées classent la sécurité au premier rang des facteurs qui influent sur leur santé mentale.

RECOMMANDATION

Les policiers, les pompiers et les postiers : pour la sécurité des aînés

Attendu que la crainte d'être victime d'accidents ou de crimes augmente avec l'avance en âge et peut affecter la santé mentale ;

attendu que les pertes sensorielles ou cognitives occasionnent de nombreux accidents chez les aînés ;

attendu que l'autorité représentée par le policier, le pompier et le postier, facilement identifiables par leur uniforme, rassure la personne en détresse ;

le Groupe de travail recommande :

30. que les municipalités et les autres autorités concernées favorisent et développent des programmes de surveillance assurée par les policiers, les pompiers ou les postiers à l'égard des personnes âgées, de façon à prévenir les dangers.

3.3.4 *L'école, carrefour des générations*

Un travail en profondeur s'impose si l'on veut que la société repose sur l'équilibre dans l'avenir. «Il n'est pas de problème social plus profond, écrit Michel Crozier dans *Le mal américain* (1982, p. 264), que celui de l'éducation : c'est à travers elle qu'une société se forme, mais aussi se connaît et se reconnaît.» Crozier poursuit :

> *L'éducation est à la fois la source et l'expression des valeurs. La crise de l'éducation est donc, en même temps qu'un problème, un signe de désarroi profond. Certes, cette crise affecte l'ensemble des pays civilisés, mais les États-Unis bien plus gravement que les autres ; en outre, c'est autour du modèle bien américain de l'éducation permissive que s'est nouée la crise dans les autres pays également : le succès de la notion de permissivité, en développant des aspirations démesurées chez nombre d'individus, a entraîné une profonde crise existentielle de l'école. Celle-ci ne sait plus très bien ce qu'elle fait et ses clients ne savent plus très bien ce qu'ils en attendent. Or, lorsque les enfants cessent de pouvoir assimiler les valeurs fonda-*

mentales d'une société, les parents ne se reconnaissent plus en eux, la transmission culturelle devient impossible et la société est menacée dans son existence même.

Ce texte a inspiré Champagne, Denis et Roy (1984) qui apportent certaines précisions pour le Québec. Selon eux, sans vouloir porter de jugement de valeur, il devient de plus en plus évident qu'au Québec également les enfants peuvent de moins en moins assimiler les valeurs fondamentales de leur société. Les auteurs signalent qu'en l'espace de 40 ans à peine, le Québec est passé d'un niveau économique très bas à une économie prospère, du «baby boom» de l'après-guerre au plus bas niveau de natalité de son histoire, d'une structure familiale forte et hiérarchisée à la famille nucléaire, d'une société cléricale à une société laïque. Forcément, toute la structure sociale a suivi le courant, affirment-ils. En éducation, particulièrement, le coup de barre fut radical à la suite de la création du ministère de l'Éducation. Au primaire, l'école «centrale» fut réduite à six années; au secondaire, sous la notion de polyvalence, furent regroupés, dans les écoles régionales, les cours classiques, scientifiques, généraux, commerciaux, d'arts et métiers, de garde-auxiliaire, etc.; on créa de toute pièce l'entité CÉGEP pour réunir les philosophies du cours classique, les instituts techniques, les écoles d'infirmières; enfin, au niveau universitaire, on assista à la naissance du réseau de l'Université du Québec avec son double seuil d'accueil, soit le diplôme d'études collégiales (DEC) ou l'expérience pertinente unie à l'âge, et sa double structure, modulaire et départementale, auquel réseau on intégra la formation des maîtres autrefois réservée aux écoles normales et aux inspecteurs d'école.

Toute cette évolution devint une «révolution tranquille». Parents, enfants et élèves durent s'y adapter, et fort rapidement. Dans cet élan d'amélioration, de libération, de modernisation, tous, plus ou moins, eurent à remettre en question sinon le fond, du moins la forme qu'avaient prises plusieurs valeurs à l'intérieur de la famille, de l'école, de l'Église et de la société.

Ce climat d'ordre et d'autorité fit place à celui de la liberté et de la démocratisation. Et, comme l'affirme Crozier, l'éducation permissive connut son heure de gloire.

Aujourd'hui, on assiste aux retombées qui ne devraient pas ternir les vrais effets de cette évolution québécoise mais, au contraire, lui donner toute sa valeur et sa force propulsive vers l'avenir. À la suite de ces constatations, Champagne, Denis et Roy (1984, p. 9-11) concluent ainsi:

Il serait irréaliste de croire que la famille redeviendra ce qu'elle a déjà été; la famille devenant fort réduite, l'individu devra trouver son appui dans un réseau social; la nouvelle relation parent–enfant, fruit de l'éducation permissive, ouvre au dialogue et à la compréhension à la condition qu'une reconnaissance implicite de leurs droits réciproques puisse exister; et cette reconnaissance des droits devient nécessaire également entre l'enseignant et l'élève, ce qui transforme radicalement l'école.

L'école d'aujourd'hui, pour exister, doit reposer sur ce contrat qui implique l'engagement de chacune des parties, soit l'enfant, le parent et l'enseignant.

Mais malgré cette entente possible et essentielle pour l'éducation de l'enfant, une dimension fondamentale échappe au système: quelles sont les valeurs fondamentales de la société québécoise que l'enfant doit assimiler, afin que parents et enfants puissent se reconnaître et que la culture puisse se transmettre pour la sauvegarde de la société elle-même?

C'est alors que l'on doit forcément se retourner vers ceux et celles qui incarnent ces valeurs et cette culture: NOS AÎNÉS.

L'approche de ces auteurs se retrouve dans plusieurs projets élaborés tant au Canada qu'aux États-Unis et en Europe. Tous soutiennent qu'il faut réussir à sauvegarder les valeurs qui distinguent les cultures et assurent l'équilibre de la société, sans freiner l'évolution.

Pourquoi ne pas se servir de l'école pour donner un rôle à l'aîné? En y étant accepté comme aide à l'enseignant, par exemple, pour certaines activités en arts plastiques, en histoire ou en sciences religieuses, l'aîné refléterait des attitudes, des connaissances et des convictions que les élèves pourraient intégrer tout naturellement.

L'aîné se sentirait ainsi utile, et cette nouvelle responsabilité représenterait un élément de valorisation fort important pour le maintien de la santé mentale. Comme il s'agirait d'un rôle similaire à celui de grand-parent, il répondrait aux besoins de nombreux aînés qui n'ont pas suffisamment ou pas du tout de contacts avec leurs petits-enfants, et il comblerait les besoins de nombreux enfants que l'éloignement ou la dislocation familiale prive de cette complicité avec les grands-parents.

Carrefour des trois générations, enfant, adulte, aîné, l'école deviendrait une source d'éducation intergénérationnelle où chacun donne et reçoit de l'autre. Le résultat pourrait se mesurer en respect, en compréhension et en admiration réciproque.

RECOMMANDATION

L'intégration des aînés à l'école

Attendu que la participation à l'évolution sociale a un effet bénéfique sur la santé physique et mentale des personnes âgées;

attendu qu'il est reconnu et admis qu'un bon nombre de personnes âgées vivent dans l'isolement;

attendu que la participation à des activités améliore le bien-être psychologique des personnes âgées et augmente leur satisfaction face à la vie;

attendu que les activités intergénérationnelles contribuent à l'amélioration de l'image de la personne âgée, à ses propres yeux et aux yeux des jeunes;

le Groupe de travail recommande:

31. **que le ministère de l'Éducation, en collaboration avec les commissions scolaires, suscite et encourage financièrement toutes les initiatives qui auraient pour but l'intégration à l'école des aînés compétents et motivés, comme aides aux enseignants, dans certaines matières qui s'y prêtent plus particulièrement.**

«Les liens familiaux se révèlent très importants pour la santé mentale et le sentiment de sécurité de la personne âgée.»

4

La personne âgée dans son milieu

Deux catégories de facteurs sociaux peuvent influer fortement sur les facultés d'adaptation de l'individu, ou limiter son accès aux ressources qui soutiennent sa santé mentale, étant donné le stress et le déséquilibre qu'ils provoquent.

Les premiers font, en quelque sorte, partie de l'identité même de l'individu: ce sont les liens conjugaux et familiaux, la situation de vie, l'appartenance à une communauté culturelle. Les seconds font plutôt référence à la situation socio-économique, aux contacts sociaux et au milieu de vie (région, voisinage): ce sont les facteurs environnementaux.

4.1 LA SITUATION DE VIE

4.1.1 Les relations avec les proches

Les relations conjugales et familiales agissent de plusieurs manières sur la santé mentale des personnes âgées, notamment comme lieux d'échange de services et de soutien, comme source d'identité et d'estime de soi, comme moyen d'intégration dans la vie sociale.

Les relations conjugales

Depuis environ 15 ans, la recherche a maintes fois mis en évidence que la qualité des relations conjugales joue un rôle essentiel pour la santé mentale d'un individu (Altergott, 1985). Une relation conjugale satisfaisante, qu'elle soit sanctionnée par la loi ou non, constitue une véritable «grâce», surtout lorsqu'on vieillit. Le rôle du conjoint peut prendre encore plus d'importance au moment de la retraite, ou encore si des problèmes physiques viennent limiter l'univers social de la personne âgée. Souvent, l'interdépendance à l'intérieur du couple augmente alors beaucoup, autant sur le plan émotif que physique (Connidis, 1989; Hess et Soldo, 1985; George, 1980).

Plusieurs auteurs ont mis en lumière les avantages liés à la présence d'un conjoint pour la santé mentale d'un individu. Cette présence aurait des effets bénéfiques à plusieurs points de vue: outre le sentiment de sécurité qu'elle procure, elle influerait également sur la santé physique, l'activité physique et sociale, la prestation de soins et le soutien à domicile (McDaniel, 1986; Gee et Kimball, 1987).

La documentation sur la préparation à la retraite fait souvent état du scénario suivant: les membres d'un couple, après la retraite et le départ du dernier enfant, se retrouvent l'un en face de l'autre; après 40 ou 50 ans de vie conjugale, tous deux constatent qu'ils n'ont pas grand-chose à se dire. Un tel scénario ne se reproduit cependant pas dans tous les couples. Les recherches indiquent en effet une nette augmentation de la satisfaction conjugale dans bon nombre de couples. L'augmentation de la satisfaction est particulièrement notable chez les hommes (McPherson, 1990).

La satisfaction conjugale chez les couples âgés semble dépendre surtout de la qualité antérieure de la relation, mais aussi de leur faculté d'adaptation: les conflits ne sont peut-être pas moins fréquents chez les couples âgés, mais leur capacité à les résoudre, à «amoindrir les conflits», serait plus développée (Connidis, 1989).

À l'âge de la retraite, la vie du couple peut cependant prendre un tournant important. Les enfants sont habituellement devenus des adultes indépendants et autonomes, de sorte que les parents vivent une transformation de leur rôle. Pour les hommes, cette modification de la vie familiale survient souvent en même temps que la diminution des relations sociales et professionnelles. En outre, la baisse de revenus peut obliger le couple à diminuer ou à modifier ses activités; les satisfactions matérielles peuvent alors être moins nombreuses. Enfin, les rôles sont modifiés dans les tâches de la vie quotidienne à deux.

Les recherches indiquent que cette période de transition se révèle surtout problématique pour l'homme, qui se voit maintenant beaucoup plus dépendant de son épouse. Cette évolution n'est pas nécessairement négative; elle peut fort bien aboutir à un meilleur équilibre dans le couple (Connidis, 1989).

En ce qui concerne l'activité sexuelle, les recherches indiquent qu'elle demeure une composante importante de la qualité de vie pour la majorité des personnes âgées, surtout si le partenaire «légitime» vit encore et si la santé physique le permet. Les couples qui ont eu une vie sexuelle active auparavant maintiennent leur intérêt. La continuité par rapport au passé (les habitudes créées plus tôt dans la vie) semble être un élément important (Badeau, 1986; Weg, 1983; Stryckman, 1981). Ainsi, une variation de la fréquence des relations n'est pas nécessairement associée à une diminution de la satisfaction et du bien-être sexuels. Le préjugé selon lequel la personne âgée est un être asexué est toujours présent. Il importe donc de rappeler la réalité, comme le fait Robert (1986):

> *On demeure homme ou femme jusqu'à la mort. Le besoin d'être considéré comme tel, comme un être sexué et sexuel par les autres hommes et femmes est toujours présent. Le besoin d'intimité, de partage dans une relation physique, affectueuse, sexuelle au sens large ne nous quitte jamais.*

Un effort de prévention s'impose donc. Comme c'est le cas à tous les âges, un mariage heureux contribue à une bonne santé mentale, mais il n'explique pas tout. Au Québec comme dans tous les pays industrialisés, on a connu récemment un accroissement du nombre de séparations et de divorces. Malheureusement, il existe peu de ressources en matière de thérapie conjugale spécialisée dans les problèmes conjugaux des gens qui ont dépassé le mitan de la vie; les personnes âgées elles-mêmes manifestent beaucoup de réticence à demander ce genre d'assistance (Smyer et Intrieri, 1990).

Voilà sans doute ce qui explique que, lors de la tournée du Groupe de travail, peu de gens aient mentionné nommément la vie de couple, ou la vie affective, comme un facteur important pour la santé mentale. Peut-être que les personnes âgées croient qu'il n'est pas du ressort des services publics d'intervenir dans ce domaine. Il reste que les propos de plusieurs traduisaient, en filigrane, un réel besoin de s'attaquer à cette question.

Les relations familiales

À l'encontre de la croyance populaire, la recherche démontre clairement que la plupart des familles maintiennent des contacts et échangent des services avec tous leurs membres, y compris leurs aînés. Les personnes âgées fournissent elles-mêmes beaucoup d'aide à leur famille (Stone, 1988).

Les liens familiaux se révèlent très importants pour la santé mentale et le sentiment de sécurité de la personne âgée (Connidis, 1989). Les familles continuent à affirmer leur responsabilité au regard de l'entraide et du soutien de leurs membres. C'est seulement dans le domaine financier qu'elles confèrent à l'État un rôle de première importance à l'égard des personnes âgées.

À l'intérieur du cadre familial élargi, la personne âgée joue souvent un rôle privilégié de «gardien des liens familiaux». C'est elle qui veille à ce que les liens se maintiennent, que la communication essentielle se déroule, que l'on évite les frictions excessives, que les rituels et les cérémonies soient respectés (Rosenthal, 1985; Rosenthal et Marshall, 1988). Quand on n'accepte plus de lui accorder ce rôle, parce que les valeurs ont changé ou que les familles de ses enfants sont dissoutes, la personne âgée peut éprouver beaucoup d'angoisse et de frustration (Gladstone, 1989; Kivnick, 1982 et 1985).

Certaines formes de soutien social peuvent avoir un effet négatif sur la santé mentale de l'individu, par exemple un resserrement prolongé des liens familiaux après le veuvage (Granovetter, 1977). Les personnes qui ne se sont pas limitées à leurs relations familiales après leur veuvage semblent garder un meilleur moral et mieux s'adapter à leur nouvel état (Stryckman, 1981).

Il est important de souligner cependant que les relations familiales, surtout avec les enfants, doivent normalement être complémentaires à celles que la personne entretient avec des amis, surtout des pairs. Des recherches sur la solitude ont en effet démontré que les contacts parents–enfants diminuent moins le sentiment de solitude des parents que les relations avec des pairs (Poulin, De Grace et Joshi, 1983). Plusieurs recherches indiquent que la personne âgée qui limite ses relations à des contacts avec ses enfants ne trouve jamais ces relations pleinement satisfaisantes. À l'inverse, celle qui a moins de contacts avec ses enfants mais qui, par ailleurs, entretient des relations avec ses pairs s'en trouve habituellement comblée (Stryckman, 1981).

Lors de la consultation du Groupe de travail, des personnes âgées ont fait allusion aux conflits de valeurs qu'elles vivaient avec leurs enfants, surtout en ce qui concerne les questions de religion et de sexualité. Des occasions informelles de «ventiler» ces problèmes semblaient très appréciées et devraient être facilitées. Des services de counseling professionnel seraient cependant utiles pour dénouer les situations conflictuelles sérieuses.

En résumé, la recherche et la consultation confirment que la vie familiale est un facteur déterminant pour la santé mentale de la personne âgée. Quelques commentaires recueillis illustrent pourquoi la vie familiale a été classée au cinquième rang des 17 facteurs évalués par les personnes âgées consultées.

Recevoir la visite de nos enfants, ça nous encourage à nous garder en santé, ça donne du courage, ça nous occupe.

La famille, c'est plus important que les amis. On reçoit souvent la visite de nos enfants. Si ce n'est pas le cas, on s'appelle souvent. Ça fait partie de notre vie quotidienne.

Le déracinement est un problème pour les parents et les enfants de la région. Le déracinement des enfants est dû au travail, tandis que le déracinement des gens âgés se fait par l'institutionnalisation.

RECOMMANDATION

Des services de counseling conjugal et familial

Attendu que la qualité des relations conjugales joue un rôle important dans le maintien de la santé mentale des aînés;

attendu que cette qualité peut être gravement compromise par un refus ou l'impossibilité d'affronter les problèmes qui menacent la vie de couple;

attendu la croyance encore très répandue voulant que la personne âgée soit un être asexué et que ce préjugé peut atteindre la personne âgée elle-même;

attendu que l'identité et l'image de soi du parent sont souvent intimement liées à ses relations avec ses enfants et que les situations conflictuelles dans ces relations peuvent être la cause d'un stress très important;

le Groupe de travail recommande:

32. **que les CLSC suscitent et soutiennent la création de lieux d'accueil et d'échange pour les personnes âgées; qu'ils offrent également, quand cela est nécessaire, des services de counseling conjugal et familial spécialement destinés aux couples âgés.**

Le veuvage

Au Québec, selon le dernier recensement de Statistique Canada (1991), 6,5 % des hommes âgés de 65 à 69 ans sont veufs comparativement à 30,1 % des femmes du même âge. Ces pourcentages s'élèvent respectivement à 10,3 % et 42,5 % chez les 70–74 ans, et à 31,9 % et 73,9 % chez les 80 ans ou plus.

D'après la recherche de Holmes et Rahe (1967), le veuvage se classe au premier rang parmi les événements générateurs de stress. En comparaison, la séparation ou le divorce arrive au dix-septième rang, et la retraite au vingt-huitième. L'enquête Santé-Québec confirme que le veuvage est un événement stressant majeur. Cependant, des recherches révèlent qu'un pourcentage important de personnes en deuil semblent bien surmonter cette difficulté. De plus, parmi ceux qui vivent un stress considérable, on note des différences entre le vécu des hommes et celui des femmes (Stroebe et Stroebe, 1983).

Chez certains hommes, le veuvage s'accompagne de problèmes de soutien et de sécurité relationnelle : solitude, dépression, alcoolisme, suicide. Chez les femmes par contre, il est surtout associé à l'insécurité économique et à la solitude. Ceci amène à considérer des sources additionnelles de stress qui s'ajoutent au veuvage, augmentant ainsi la force de la réaction (Dohrenwend *et al.*, 1984) ; ces sources apparaissent plus importantes que les différences de sexe, prises isolément (Gallagher *et al.*, 1983).

Parmi les autres éléments explicatifs dont il faut tenir compte pour comprendre la réaction psychologique au veuvage, il faut considérer les facteurs individuels, tels l'âge, les expériences antérieures, le sentiment de maîtriser sa vie (Siegler et Costa, 1985 ; Thorson et Thorson, 1986) ainsi que des facteurs sociaux, comme le soutien dont la personne bénéficie (Gottlieb, 1981 ; Lavoie, 1983).

Les recherches indiquent cependant que, si la perte du conjoint cause une détérioration de la santé mentale à court terme, les conséquences sont beaucoup moins graves sur une plus longue période, surtout chez les femmes. Pourtant, le veuvage constitue souvent pour elles un changement de vie permanent : le nombre de remariages est environ cinq fois plus élevé chez les veufs que chez les veuves (Stryckman, 1981). Ces dernières sont également plus nombreuses à vivre en établissement (Abu-Laban–McIrving, 1984).

Après un certain temps de veuvage, les choses semblent toutefois se replacer (Adlersberg et Thorne, 1990). Une étude de Stryckman (1981) indique qu'un peu plus de la moitié des veuves voyaient le veuvage comme une nouvelle étape de vie et un défi à relever.

Le désir d'intimité et surtout le besoin qu'on prenne soin d'elle peuvent aussi éveiller chez la personne en deuil un profond sentiment de solitude (Lavoie, 1983). En fait, une personne sur quatre dit en souffrir. Ce sentiment n'est pas uniquement provoqué par l'absence du conjoint; il peut également découler de l'incompréhension de l'entourage, du manque de soutien dans la vie quotidienne, du sentiment d'être marginalisé.

Lors des premiers moments du deuil, la famille et les amis se rapprochent et acceptent habituellement bien les comportements de détresse, les pleurs, la désorganisation. Après quelques semaines cependant, l'entourage s'attend souvent à ce que la personne refrène sa peine, ce qui peut provoquer chez elle un fort sentiment de solitude.

La solitude peut aussi provenir du manque de soutien dans la vie quotidienne, du fait de ne plus trouver réponse à ses besoins de sociabilité, de ne pas être informé, de ne plus avoir l'écoute d'une oreille sympathique. Plusieurs de ces fonctions étant assumées par le conjoint, la mort de ce dernier exige une importante réorganisation. Ce fait se vérifie surtout dans les classes moyennes et bourgeoises, où les partenaires partagent plus d'activités (Lopata, 1987; Martin Matthews, à paraître). Ainsi, une femme perd non seulement son conjoint, mais aussi le père de ses enfants, le partenaire de ses loisirs, le comembre d'associations, le collaborateur à l'entretien du logis, etc. Les veufs âgés, eux, éprouvent des difficultés à se débrouiller dans les tâches ménagères. De plus, ils sont souvent peu doués pour maintenir des liens familiaux et sociaux parce que les fonctions sociales étaient surtout dévolues aux femmes (Martin Matthews, 1980; Stryckman, 1981).

Par ailleurs, le fait de se sentir marginal dans sa condition de veuf ou de veuve ajoute aussi au sentiment de solitude. De façon générale, les femmes âgées sont davantage entourées de personnes qui ont déjà vécu un veuvage. Non seulement elles se sentent mieux comprises, mais elles trouvent plus de compagnes disponibles (Martin Matthews, 1980).

Il faut également noter l'importance du soutien émotif des frères et des sœurs d'une personne âgée veuve, et ce, particulièrement au Québec. En effet, les personnes âgées d'aujourd'hui ont souvent grandi à l'intérieur d'une famille nombreuse. La relation avec les frères et les sœurs est souvent renforcée après le veuvage. Roseman *et al.* (1981) notent qu'immédiatement après le décès du conjoint, la famille constitue la première source d'aide des veuves. D'après Lopata *et al.* (1982), le soutien familial représente le meilleur «prédicteur» de l'adaptation dans les premiers moments du veuvage. Les contacts avec la famille semblent plus satisfaisants que les contacts avec les enfants, probablement à cause des différences de valeurs, d'intérêts et de styles de vie (Roseman *et al.*, 1981).

Par contre, les relations avec la belle-famille sont généralement presque inexistantes. Dans une recherche portant sur les sources d'aide auxquelles les veuves ont recours, la belle-famille occupe le dixième rang au moment du décès, pour tomber plus tard au quinzième rang. L'aide de la famille du conjoint vient même après celle du médecin, du notaire, des organismes de charité, des prêtres (Roseman *et al.*, 1981).

Plusieurs écrits récents ont souligné l'importance de prévenir les problèmes causés par le deuil et la solitude qui s'ensuit, surtout chez les veufs (Keith, 1989; Medalle, 1990).

RECOMMANDATION

L'entraide et le soutien aux personnes en deuil

Attendu que le nombre de veufs et de veuves augmente sans cesse et que veuvage signifie souvent pauvreté et solitude, surtout pour les veuves;

attendu que le veuvage affecte très souvent la santé mentale de la personne âgée et que l'adaptation au deuil exige souvent une aide extérieure pour éviter le désespoir et la dépression;

le Groupe de travail recommande:

33. **que les CLSC soutiennent la formation de groupes d'entraide pour les personnes en deuil, afin de les aider à vivre cette étape et à s'adapter à leur nouveau rôle; qu'ils prêtent une attention toute spéciale aux hommes veufs qui semblent plus vulnérables aux problèmes de santé mentale, afin de les aider à vivre leur deuil et à composer avec les tâches de la vie quotidienne.**

L'aide informelle

La plupart des personnes âgées aux prises avec des problèmes de santé comptent sur les membres de leur famille immédiate, qui peuvent mieux les rassurer et ainsi prévenir l'anxiété. Ce sont d'abord les conjoints, surtout les épouses, qui sont appelés à fournir de l'aide.

L'aide informelle constitue une ressource très importante de soutien à domicile. En fait, environ 80 % de l'aide fournie aux personnes âgées vivant dans la communauté provient des membres de leur famille (CCNTA, 1990).

Selon les données d'une enquête nationale américaine, environ 30 % seulement des aidants informels sont des hommes (Stone, 1987). Si le conjoint (surtout l'épouse) est décédé ou n'est pas en mesure de remplir ce rôle, ce sont le plus souvent les filles qui prennent la relève. C'est donc dire que la réalité a peu changé depuis l'entrée massive des femmes sur le marché du travail.

Jutras *et al.* (1989) arrivent à des conclusions similaires pour le Québec :

> *Les femmes représentent 67,2 % de l'ensemble des aidants et 73,7 % des aidants principaux. Comparativement aux hommes, les femmes fournissent une assistance globale plus importante, elles effectuent plus de tâches liées aux activités de la vie quotidienne et plus de démarches, pour les personnes aidées, auprès des services officiels.*

On oublie souvent que cette forme d'aide comporte des coûts. Les aidants subissent ainsi des contraintes psychologiques, physiques, familiales et économiques considérables dans leur vie quotidienne.

Le rôle d'aidant informel est souvent exigeant, surtout si la personne aidée souffre de problèmes psychologiques (Long, 1991). Le cas particulier de ceux qui vivent avec une personne atteinte de la maladie d'Alzheimer en constitue une illustration frappante. Ces aidants porteront un fardeau particulièrement lourd à cause des changements dans la personnalité du malade, de son manque de jugement et de la transformation des relations qu'ils entretiennent avec lui (CCNTA, 1990).

La maladie d'Alzheimer est irréversible, tout comme les autres maladies chroniques dont souffrent les personnes âgées. Cependant, des interventions psychologiques pour réduire la dépression souvent associée aux premières phases de la maladie peuvent faciliter l'interaction et ainsi réduire le stress lié à la relation d'aide (Cohen, 1989).

De plus, des services d'information sur la nature de la maladie et ses caractéristiques peuvent alléger considérablement le fardeau de l'aidant informel, tout comme un counseling pourra l'aider à mieux « gérer » la situation. Cette forme d'intervention s'avère particulièrement utile lorsqu'il s'agit de comportements dérangeants, liés à des problèmes cognitifs (Proulx, 1989 ; Moseley *et al.*, 1988). Au Québec, quelques centres ont déjà mis en place de telles interventions (Gendron *et al.*, 1991).

Le soutien à domicile, une orientation privilégiée par le gouvernement, combiné aux restrictions budgétaires dans les services publics accroîtra nécessairement l'importance de cette source d'aide dans l'avenir. Il s'agit cependant de reconnaître les coûts qu'elle entraîne pour les aidants et la nécessité, pour le réseau d'aide formelle, de les assumer (Bolduc et Garant, 1990).

RECOMMANDATIONS

Offrir une formation aux aidants informels

Attendu que plusieurs personnes âgées présentent des déficiences cognitives difficiles à comprendre et à traiter;

attendu que les aidants informels, malgré leur bonne volonté et leur compétence, se sentent souvent démunis;

attendu le danger potentiel que l'aidant informel devienne victime de son dévouement et que sa santé mentale en soit atteinte;

attendu l'importance d'apprendre aux aidants à développer des stratégies d'adaptation pour mieux faire face aux exigences que comporte leur rôle, sans toutefois porter atteinte à leur propre santé mentale;

le Groupe de travail recommande:

34. que le ministère de la Santé et des Services sociaux, en collaboration avec les CLSC et les établissements de formation, favorise l'élaboration de sessions de formation et d'information à l'intention des aidants informels qui œuvrent auprès des personnes âgées atteintes de déficiences cognitives.

Offrir un soutien psychologique

Attendu que l'aidant informel assume une lourde responsabilité, qu'il vit en relation très étroite avec la personne âgée, qu'il participe aux activités de sa vie quotidienne et qu'il fait souvent des démarches pour elle;

attendu que la santé mentale des aidants informels risque parfois d'être compromise à cause de la solitude, de l'épuisement, de l'anxiété, voire de la dépression qui peut s'ensuivre;

le Groupe de travail recommande:

35. **que le ministère de la Santé et des Services sociaux, par l'entremise des CLSC, mette à la disposition des aidants informels un soutien psychologique en favorisant les groupes d'entraide et de soutien mutuel, ainsi que les interventions de soutien émotif individualisées.**

Offrir une compensation financière juste et équitable

Attendu que certaines déficiences cognitives, telle la maladie d'Alzheimer, exigent une présence soutenue auprès de la personne malade, et que l'aidant informel peut se sentir moralement obligé de délaisser son travail pour remplir ce rôle;

attendu que l'aidant informel ne reçoit aucune compensation financière pour son dévouement;

attendu que ce bénévolat épargne à la société les frais d'un placement en établissement précoce;

le Groupe de travail recommande:

36. **que la Régie des rentes du Québec modifie les dispositions des régimes de rentes afin que la «période d'exclusion», contenue dans le calcul des contributions admissibles aux fins de pension, tienne aussi compte du temps consacré aux aînés qui requièrent une aide constante;**

37. **que la fonction publique adopte des politiques qui reconnaissent les responsabilités des employés envers les membres dépendants de leur famille, y compris un parent âgé, et qu'elle en fasse la promotion auprès des autres employeurs; que des avantages semblables à ceux qui ont trait aux soins d'un enfant à charge soient aussi applicables, au besoin, aux soins d'un adulte âgé qui, sans cette aide, serait contraint de vivre en établissement.**

4.1.2 *L'appartenance à une communauté culturelle*

Une meilleure compréhension des différences culturelles favorise le choix d'interventions adaptées. Prendre acte de l'appartenance d'un individu à une communauté culturelle, c'est non seulement reconnaître l'importance des particularités ethniques, qu'il s'agisse des communautés autochtones, francophones, anglophones ou allophones, mais c'est aussi respecter les différences culturelles entre les personnes des diverses régions du Québec (Corin *et al.*, 1990).

Le profil des immigrants a beaucoup changé entre 1966 et 1986. Auparavant, la grande majorité provenait d'Europe, de Grande-Bretagne et des États-Unis. Depuis dix ans, le nombre d'immigrants originaires d'Asie, des Caraïbes et d'Amérique centrale et du Sud a beaucoup augmenté. Au Québec, les Haïtiens forment la majorité des immigrants.

Les aînés nouvellement immigrés peuvent également souffrir de problèmes de toutes sortes. Les conditions difficiles d'immigration sont source de stress, et ce, à n'importe quel âge. Des recherches indiquent que l'expérience, les circonstances et les conditions d'immigration rendent les immigrants et les réfugiés plus enclins à souffrir de difficultés psychologiques que la population en général (Beiser, 1988).

La proportion de personnes âgées reste peu élevée parmi les immigrants. Cependant, leur situation mérite une attention particulière. Les sources de stress et la possibilité d'y faire face varient beaucoup selon les cultures, les mentalités, les valeurs et les traditions. Si l'immigrant est âgé, sa faculté d'adaptation à une nouvelle culture risque d'être moindre que celle d'une personne plus jeune (Disman, 1983); il sera également plus vulnérable aux préjugés et aux abus (Naidoo, 1985; Chan, 1983; Delsoin, 1991). Les recherches font surtout état de problèmes de dépendance financière, sociale ou psychologique à l'égard des enfants ou d'autres parents, de conflits de valeurs entre les générations, de perte de statut et de rôle, d'isolement social, de perte de relations significatives. Tous ces éléments limitent les interactions sociales des immigrants et réduisent leur faculté d'intégration (Driedger et Chappell, 1987; Beiser, 1988; Santé et Bien-être social Canada, 1988).

On sait que les attitudes à l'égard des personnes âgées et du vieillissement varient beaucoup selon les différents groupes ethniques (Gelfand, 1979). Ceci peut expliquer les divers niveaux de tolérance que l'on observe parmi les communautés culturelles à l'égard des comportements «problématiques» et certaines attitudes par rapport à l'offre d'aide ou d'assistance, que certains peuvent hésiter à accepter. De plus, on remarque des variations considérables quant à l'adaptation des aînés membres des groupes ethniques, selon la taille de la communauté à laquelle ils appartiennent et la présence ou non d'institutions ethniques.

Le soutien social, si important pour la santé mentale, fait donc parfois défaut aux personnes âgées des communautés culturelles. En outre, des barrières linguistiques et culturelles les empêchent souvent d'établir des relations amicales ou sociales en dehors de leur groupe d'appartenance. Elles sont ainsi plus isolées, enfermées dans un état et un esprit de ghetto. L'accès aux services se révèle parfois très problématique et la situation se complique pour ces personnes quand elles ont besoin d'informations essentielles.

Dans le cas des immigrants âgés qui sont venus au Québec en vertu de la politique de réunification des familles, la dépendance économique à l'égard des parents qui les ont parrainés peut être la source de graves conflits.

Tous ces facteurs expliquent sans doute que, de tous les services sociosanitaires, les services de santé mentale sont les plus importants pour les membres des communautés culturelles. C'est du moins ce que révèle une recherche effectuée dans la région d'Ottawa-Carleton (Social Planning Council Ottawa-Carleton, 1988). Les immigrants évoquent ici leur fréquent état de frustration, qui se transforme parfois en angoisse, en dépression et en une perte du goût de vivre. Cette recherche fait ressortir des besoins spéciaux liés à l'isolement et aux problèmes de communication.

Avec les changements démographiques, la question du respect des aînés des communautés culturelles s'impose de plus en plus. Dans ce domaine, la bonne volonté de l'intervenant ne suffit pas toujours. Ce dernier doit avoir reçu une solide formation en psychogérontologie. De plus, les autorités doivent également favoriser la formation d'intervenants issus de ces communautés.

La problématique des minorités culturelles est relativement nouvelle au Québec. Les programmes de santé mentale qui reposent sur une meilleure compréhension des nouvelles cultures qui composent la société actuelle ont par ailleurs plus de chances de contrer la stigmatisation reliée aux problèmes mentaux.

RECOMMANDATIONS

Offrir un soutien psychogérontologique aux aînés des minorités culturelles

Attendu le danger d'une dépendance excessive qui peut menacer plus particulièrement les minorités autochtones ou les immigrants âgés québécois;

attendu que la formation requise pour intervenir auprès des minorités ethniques doit être plus adaptée, surtout sur les plans psychologique et psychosocial;

le Groupe de travail recommande:

38. que le ministère de la Santé et des Services sociaux et le ministère de l'Éducation prennent les mesures nécessaires, telles des bourses, pour encourager les étudiants des minorités culturelles à acquérir une formation en psychogérontologie pour œuvrer auprès de leurs congénères aînés.

Améliorer l'accès aux services courants

Attendu qu'il est nécessaire de favoriser un meilleur accès aux services aux immigrants de toutes les origines;

le Groupe de travail recommande:

39. que le ministère de la Santé et des Services sociaux reconnaisse l'importance du rôle des associations représentant les communautés culturelles dans l'organisation de services pour leurs membres âgés, et qu'il leur fournisse le soutien nécessaire pour mener à bien cette tâche.

Modifier les attitudes à l'égard des communautés culturelles

Attendu qu'il est nécessaire de corriger les attitudes négatives qui sont malheureusement présentes dans notre société à l'endroit des citoyens âgés québécois de toutes origines;

le Groupe de travail recommande:

40. que le ministère de la Santé et des Services sociaux, avec l'aide des associations de personnes âgées des communautés culturelles, informe le grand public des caractéristiques culturelles propres à chacune des communautés pour que les Québécois puissent mieux comprendre leurs concitoyens âgés et qu'une tolérance réciproque se développe.

4.2 LES FACTEURS ENVIRONNEMENTAUX

4.2.1 La sécurité économique

Une politique de santé mentale doit en priorité tenir compte des conditions de l'environnement et des conditions de vie en société. Les nombreuses études sur la population, le raffinement des indicateurs de santé, l'identification des facteurs de risque, tous ces éléments ont mis en évidence les écarts de santé entre les différents groupes de la population québécoise : les hommes et les femmes, les classes sociales, les groupes ethniques, les quartiers et les territoires (Commission d'enquête sur la santé et les services sociaux, 1988).

Au moyen de profils sociosanitaires, les départements de santé communautaire ont dressé un portrait de la santé des Québécois. Ces études ont démontré une fois de plus des taux de morbidité et de mortalité plus élevés parmi les populations économiquement défavorisées, et ce, pour tous les groupes d'âge.

La remarquable évolution qu'a connue le Québec dans les années 60 a donc profité davantage aux gens les plus instruits et les plus favorisés. Il n'y a qu'à traverser le centre-ville de Montréal pour se rendre compte que la pauvreté a pris de nouveaux visages : les itinérants, où se regroupe un nombre croissant de personnes âgées, les ex-pensionnaires des cliniques psychiatriques, les femmes trop âgées pour avoir pu bénéficier des revenus de la Régie des rentes du Québec, des REÉR ou des caisses de retraite.

La pauvreté qui prévaut actuellement au Québec, dans un pays de ressources premières, s'avère un obstacle majeur au bien-être des individus de tous les âges. Les privations économiques et matérielles, l'aliénation sociale et l'absence de pouvoir seraient à la source de graves problèmes psychologiques (MSSS, 1988). Quant aux citoyens qui habitent dans de nombreuses municipalités rurales en déclin démographique ou dans les quartiers populeux des centres-villes, ce sont en majorité des gens âgés, parfois peu mobiles et souvent dépendants (Conseil des affaires sociales, 1990).

Dans sa mission de conseiller auprès du ministre de la Santé et des Services sociaux, le Conseil des affaires sociales (1990) tirait la conclusion suivante en regard des facteurs de santé :

La réduction du chômage et de la pauvreté, l'amélioration de la répartition du revenu, un environnement plus sain et plus sécuritaire, des logements plus décents, contribuent tout autant, sinon plus, à l'amélioration de la santé et du bien-être que l'apport spécifique du réseau des services médicaux et hospitaliers.

Ce diagnostic peut paraître sévère, voire implacable! Au moins a-t-il l'avantage de mettre en lumière de façon non équivoque l'influence considérable des facteurs contextuels et sociaux dans le maintien ou non de la santé globale.

L'influence de l'environnement socio-économique sur la santé a également été soulignée dans le document d'orientations intitulé *Pour améliorer la santé et le bien-être au Québec* (MSSS, 1989):

> *La pauvreté représente plus que l'insuffisance de moyens financiers. Elle est souvent associée à la privation sociale et au manque d'instruction, d'information et à une faible estime de soi. Les personnes démunies sont en plus mauvaise santé, ont une moins bonne perception d'elles-mêmes et présentent un niveau de détresse psychologique et sociale élevé. Ainsi forment-elles la majorité de la clientèle des services sociaux.*

Il apparaît donc primordial que le Québec se dote d'une véritable politique de développement social et économique, afin que chaque citoyen puisse exercer son droit le plus fondamental: l'accès à un travail valorisant qui correspond à ses compétences.

Quant aux aînés, leur situation économique s'est dans l'ensemble améliorée. Entre 1976 et 1985, le groupe des personnes âgées a été le seul dont le revenu réel a augmenté. Pour les familles, l'augmentation atteignait 3 700 $; leur revenu moyen est donc passé de 23 100 $ à 26 800 $. Par ailleurs, le revenu des personnes seules s'est accru de 3 000 $, passant ainsi de 9 300 $ à 12 300 $. En 1989, environ 25 % des hommes et 42 % des femmes de cette dernière catégorie vivaient sous le seuil de la pauvreté, comparativement à environ 6 % des personnes qui habitaient avec un conjoint.

La situation financière précaire est l'un des facteurs le plus souvent relié aux problèmes de santé physique et mentale, et ce pour l'ensemble de la population. En ce qui concerne la santé mentale, les chercheurs sont presque unanimes: il existe une nette corrélation entre le fait de vivre des difficultés économiques et la dépression ou l'anxiété. Cette corrélation a été interprétée autant comme une prédisposition que comme une conséquence: la situation économique des personnes qui souffrent de problèmes mentaux a tendance à se détériorer; inversement, ceux qui subissent la pauvreté ont tendance à souffrir de problèmes psychologiques.

La plupart des personnes âgées doivent composer avec une baisse considérable de leur revenu après l'âge de la retraite. La pauvreté de la femme âgée, par exemple, est souvent reliée à l'absence d'un conjoint. Ceci explique sans doute en partie que les femmes ressentent un niveau plus élevé de détresse psychologique, comme le relève l'enquête Santé-Québec. L'obligation de s'ajuster à un nouveau rôle avec des moyens matériels réduits peut être source d'angoisse, d'atteinte à l'estime de soi et de dépression. Certaines recherches établissent des liens entre la perte du revenu au moment de la retraite et le suicide chez les gens du troisième âge.

Se retrouver dans une situation socio-économique défavorable peut signifier avoir un accès plus restreint aux ressources et aux services de toutes sortes, habiter dans un milieu où sont concentrées les personnes à problèmes de diverses classes sociales, vivre dans des conditions qui rendent les imprévus plus difficiles à supporter. Tous ces facteurs augmentent le stress, d'autant plus que la situation offre peu de possibilités de maîtrise sur sa vie et sur les événements. L'enquête Santé-Québec a ainsi relevé les plus hauts niveaux de détresse psychologique dans les régions de l'Outaouais et de l'Abitibi-Témiscamingue, territoires où la population est relativement pauvre.

Par ailleurs, dans l'enquête Santé-Canada (Santé et Bien-être social Canada et Statistique Canada, 1981), on a recueilli des données concernant les effets de la pauvreté sur la capacité fonctionnelle ; ces données ont ensuite été mises en relation avec la santé mentale. Au moment de l'enquête, 11,4 % des aînés canadiens vivant sous le seuil de la pauvreté étaient incapables de vaquer à leurs activités habituelles, comparativement à 4,5 % de ceux qui disposaient d'un revenu élevé. Au moyen de l'indicateur du niveau d'instruction, qui est souvent relié au niveau de revenu, on a observé que le degré d'incapacité fonctionnelle parmi les personnes âgées ayant moins de huit ans de scolarité était deux fois plus élevé que chez celles qui détenaient un diplôme universitaire.

Dans une étude sur la population de Montréal, on a relevé une différence d'espérance de vie de cinq ans entre les habitants du quartier le plus favorisé et ceux des quartiers moins favorisés (Wilkins *et al.,* 1990 ; Conseil régional de la santé et des services sociaux du Montréal métropolitain, 1986).

Les consultations ont permis un rapprochement assez clair entre l'absence de ressources économiques et la santé mentale des aînés. Le Groupe de travail a constaté que les répondants évoquaient souvent le manque de sécurité et se souciaient beaucoup du lendemain. Par exemple, les personnes âgées consultées qui vivaient dans la communauté ont parlé de leur peur d'être obligées de déménager si leur santé fléchissait, et de ne pas pouvoir se payer un logement avec services; les discours publics sur la pénurie des ressources ne contribuent aucunement à réduire cette angoisse. D'autres ont évoqué avec fierté leur capacité d'ajuster leurs attentes et de se contenter de peu. L'argent n'était pas un problème puisque «en faisant un budget serré, on arrive et on est satisfait. Si on veut faire des dépenses de gens ordinaires, pas seulement de vieux, on n'arrive pas et c'est très difficile».

RECOMMANDATIONS

Un programme complémentaire de supplément de revenu et une meilleure information sur les programmes gouvernementaux

Attendu que les personnes âgées les plus démunies financièrement sont durement affectées dans leur vie quotidienne et présentent beaucoup plus de risques de souffrir de problèmes psychologiques;

attendu qu'un certain nombre de personnes âgées ne semblent pas connaître tous les programmes de sécurité financière auxquels elles ont droit aujourd'hui (supplément de revenu garanti) et attendu la faible probabilité qu'elles demandent le crédit d'impôt pour la taxe sur les produits et services (TPS);

attendu qu'il est essentiel de rehausser la condition économique de toutes les personnes âgées du Québec qui vivent sous le seuil de la pauvreté;

le Groupe de travail recommande:

41. que le gouvernement du Québec, à l'instar de la majorité des provinces canadiennes, crée un régime de supplément de revenu complémentaire au supplément de revenu garanti fédéral;

42. que le niveau des suppléments varie sur une base régionale et selon le nombre de personnes avec lesquelles un aîné habite et la taille de la municipalité où il réside;

43. que le gouvernement du Québec collabore avec le gouvernement fédéral pour organiser, sur une base régionale,

des sessions de formation offertes par l'entremise des associations de personnes âgées pour former des aînés qui informeraient leurs pairs sur les programmes gouvernementaux et les bénéfices qu'ils peuvent en retirer, et qui les aideraient également à remplir les formulaires administratifs.

4.2.2 Les relations sociales

Étant donné la place centrale que l'on a traditionnellement accordée aux relations parents–enfants, l'importance des relations sociales avec les pairs (collatéraux, amis, voisins) a parfois été négligée dans les études gérontologiques. Les relations sociales ont souvent été perçues comme une compensation, en l'absence des enfants. Pourtant, une abondante documentation scientifique présente le soutien social comme une composante majeure de la santé mentale (Randall, 1981). On commence donc à découvrir le besoin, chez la personne âgée, de relations entre « égaux d'âge », ces liens constituant un complément horizontal essentiel aux relations verticales ou hiérarchiques. Les contacts avec les enfants ne semblent pas pouvoir combler le besoin de sociabilité des personnes âgées, si ces dernières ne trouvent pas un complément dans les contacts avec des pairs (Stryckman, 1986).

Dans une étude toute récente faite auprès de 200 personnes âgées de la région de Québec, dont la moitié vivaient en établissement, on a relevé que le fait d'avoir de nombreux contacts avec des amis était associé à un faible niveau de solitude. Chappell (1985) est arrivé à la conclusion que les relations sociales peuvent davantage que les relations familiales contribuer au bon moral des personnes âgées, parce qu'elles sont choisies et maintenues volontairement.

On accorde au soutien social un rôle de protection contre un nombre important de problèmes physiques et mentaux. Certains auteurs avancent même que le soutien renforcerait le système immunitaire, particulièrement s'il provient des liens du mariage et des relations avec la famille et les amis. Cependant, il est important de souligner que ce n'est pas la simple existence d'une relation qui aurait cet effet, mais plutôt sa portée effective, réelle, c'est-à-dire la qualité de la relation (Wan et Weissert, 1981; Gottlieb, 1985; Kraus, 1986).

4.2.3 Le bénévolat et l'entraide

Les personnes âgées sont très engagées dans les activités de bénévolat et d'entraide. Au Québec, une étude récente estime que l'on consacre

60 millions d'heures au bénévolat. D'autre part, pas moins de 20 % des Canadiens de 65 ans ou plus disent faire du bénévolat.

Une relation de réciprocité marque l'entraide. Ainsi, le fait de demander l'aide d'autrui ne porte pas atteinte à l'amour-propre. En effet, les personnes âgées reçoivent de l'aide en même temps qu'elles contribuent de multiples façons au bien-être des membres de leur famille et de leur voisinage, en offrant par exemple des services de transport, de gardiennage d'enfants et d'aide ménagère.

Selon une étude de Statistique Canada, 26 % des hommes de 65 ans ou plus affirment fournir des services de transport aux autres; plusieurs offrent également leur aide pour des travaux de jardinage. Ces services profitent surtout aux amis. Les femmes âgées, par contre, offrent leurs services surtout à leurs enfants. Environ 30 % d'entre elles ont affirmé fournir également de l'aide à une organisation.

Le fait de participer à des activités d'entraide peut créer une solidarité communautaire et donner un sens à la vie de la personne âgée. C'est aussi une occasion pour elle de faire preuve de ses capacités et de raffermir son intégration dans la société.

Plusieurs des personnes que le Groupe de travail a rencontrées lors de la consultation ont souligné la satisfaction qu'elles éprouvaient à rendre service aux autres.

4.2.4 *Le milieu de vie*

La vie dans la communauté

Les personnes âgées l'ont maintes fois exprimé: elles préfèrent vivre dans la communauté, dans un milieu qui leur est familier. «Rester dans ses affaires», au milieu de gens que l'on connaît, avec qui l'on entretient des relations de longue date, fournit un point de référence sécurisant. Une maison ou un appartement commode et bien conçu, dans un quartier où les ressources matérielles et humaines sont facilement accessibles, peut assurer longtemps la liberté d'action à une personne âgée en légère perte d'autonomie et empêcher l'hébergement prématuré en établissement. Cette situation, quand elle correspond aux capacités physiques et mentales de la personne âgée, représente certainement la meilleure solution. On devra cependant fournir l'aide extérieure nécessaire. Certaines accommodations, à des coûts parfois minimes, permettent souvent de répondre aux besoins de l'aîné moins autonome et d'assurer sa sécurité, favorisant ainsi son maintien dans la communauté (Maltais, 1988).

L'actuelle réforme de la santé et des services sociaux semble indiquer que le Québec a vraiment pris le virage vers une politique cohérente de maintien à domicile. Le Groupe de travail s'en réjouit, puisqu'il s'agit là, sans aucun doute, d'une condition d'amélioration de la santé mentale des aînés.

Cependant, le logement doit représenter un élément essentiel de cette politique.

Le logement

Parmi la population âgée, ce sont surtout les femmes qui vivent de plus en plus seules. Voilà certainement une des dimensions les plus frappantes du vieillissement démographique; à cause des dangers d'isolement qu'elle présente et de l'insécurité dont elle est parfois la source, cette situation peut influer fortement sur la santé mentale. D'après la Société d'habitation du Québec (SHQ), la proportion de la population âgée vivant seule est passée de 13 % en 1971 à 21 % en 1981.

On sait que les ménages comptant une seule personne disposent généralement d'un revenu inférieur à celui des familles (Brink, s.d.). En effet, le quart des personnes âgées de ce groupe éprouve des problèmes financiers pour se loger (Leblanc, 1986). Parmi les solutions à ce problème, le Québec a surtout favorisé le logement social subventionné, ce qui implique le regroupement des aînés dans des ensembles résidentiels conçus à leur intention (Renaud, 1989). D'après la Société d'habitation du Québec, 75 316 ménages ont bénéficié, en 1989, des programmes d'habitation accessibles aux personnes âgées : HLM, supplément au loyer, programme de logement privé sans but lucratif et Logirente (Morel et Lachapelle, s.d.). Près des deux tiers des bénéficiaires de ces programmes sont des femmes âgées vivant seules.

La proximité résidentielle

D'autres solutions mises de l'avant récemment par la SHQ favorisent plutôt des formes de cohabitation ou la proximité résidentielle avec des membres de la famille. On sait que le fait de partager un logement avec une autre personne a souvent des effets positifs sur la santé mentale. Le seul fait qu'un des enfants, surtout quand il s'agit d'une fille, ou un autre membre de la famille habite à proximité se révèle un facteur important qui accroît le sentiment de sécurité.

Entre 55 % et 75 % des personnes désignées comme les aidants informels dans des enquêtes habitent avec le bénéficiaire. Il s'agit la plupart du temps de l'épouse.

La cohabitation est plus fréquente lorsque la santé se détériore ou à la suite de difficultés financières (CCNTA, 1990). Une enquête menée au Saguenay – Lac-Saint-Jean révélait que 14 % des hommes et 20 % des femmes de 85 ans ou plus habitaient avec un de leurs enfants. On expliquait que cet arrangement représentait une garantie d'aide et de sécurité et qu'il prévenait la solitude (CLSC Saguenay-Nord, 1987).

RECOMMANDATIONS

Encourager la participation communautaire des aînés

Attendu l'influence de l'environnement dans lequel évolue la personne âgée sur sa santé physique et mentale et sur sa qualité de vie;

attendu que le vieillissement normal nécessite la satisfaction des besoins en santé, en habitation, en transport, en loisirs, tous directement ou indirectement reliés aux administrations locales;

attendu que le projet international «Villes et villages en santé» s'avère un lieu par excellence d'expression des personnes âgées, de leur intégration à la vie de la société, et qu'il suscite la participation communautaire de gens de tous les groupes d'âge;

le Groupe de travail recommande:

44. **que les municipalités adhèrent à «Villes et villages en santé», qu'elles sollicitent et facilitent la participation des personnes âgées, afin que ces dernières puissent participer à l'élaboration, au suivi et à l'évaluation de projets sur l'habitation, le transport, les loisirs ou tout autre programme relevant des administrations municipales et qui concerne directement les citoyens âgés.**

Nommer un conseiller municipal chargé des questions qui concernent les aînés

Attendu l'importance du quartier pour développer le sentiment d'appartenance chez la personne âgée et pour préserver sa santé mentale;

attendu que le conseiller municipal est l'élu le plus près de la personne âgée et le plus accessible, et ce, autant en milieu rural qu'urbain;

attendu que le conseiller municipal est, par sa fonction et son intérêt, le mieux informé des solutions qui existent aux problèmes des personnes âgées, autant à l'échelle locale, régionale que provinciale;

attendu que, sans une action politique, toutes les suggestions avancées par les personnes âgées ou même des initiatives comme «Villes et villages en santé» risquent de rester lettre morte;

le Groupe de travail recommande:

45. **que chaque municipalité du Québec nomme un conseiller municipal chargé de toutes les questions relatives aux personnes âgées dans la municipalité.**

Diversifier les formes d'habitation

Attendu que les ressources d'hébergement doivent mieux répondre aux besoins changeants d'une population âgée très diversifiée;

attendu que les logements sociaux constituent une ressource résidentielle importante pour une grande proportion d'aînés québécois;

attendu que la cohabitation librement choisie ou désirée peut aider l'aîné à rester autonome plus longtemps;

le Groupe de travail recommande:

46. **que la Société d'habitation du Québec, en collaboration avec le ministère de la Santé et des Services sociaux, assure un développement équilibré des ressources intermédiaires publiques et privées pour aînés en légère perte d'autonomie;**

47. **que la Société d'habitation du Québec offre, sur une base régionale, les services de conseillers en habitation qui expliquent clairement aux aînés et à leurs proches les diverses options de logement (publiques, privées, coopératives) et qui les aident à choisir ce qui correspond le mieux à leurs besoins;**

> 48. que les critères d'admissibilité aux logements sociaux, aux subsides et aux services officiels soient revus, afin de s'assurer qu'ils ne font pas obstacle à la cohabitation d'une personne âgée en perte d'autonomie avec un aidant informel ou toute autre personne intéressée à cohabiter avec elle.

Le soutien à domicile

La perte d'autonomie, due par exemple à une expérience prolongée d'incapacité, a un effet désastreux sur la santé mentale. De façon générale, la société doit favoriser l'autonomie de tous les individus en leur fournissant des occasions d'influer sur leur milieu et de décider du déroulement de leur vie. L'autonomie constitue une condition préalable à l'exercice de la responsabilité de l'individu vis-à-vis de sa santé et de son bien-être. Elle favorise une intégration sociale optimale et continue des personnes âgées, qui peuvent ainsi faire profiter la société de leur expérience. Cet objectif doit prendre racine dans le milieu de vie. Mais il faut également s'assurer que les politiques, les interventions et les programmes conçus à l'intention des personnes âgées soient élaborés de concert avec elles et qu'ils soient soumis à leur approbation et à leur évaluation.

Le Groupe de travail tient à apporter son appui total à la déclaration de principe du forum «Vivre chez soi», tenu à Montréal au printemps 1991. Cette déclaration stipule que «toute personne a le droit de rester chez elle dans son milieu, même si son autonomie est limitée, et d'être soutenue de façon digne et respectueuse». Le principe fondamental qui est ici en cause relève de l'éthique sociale la plus élémentaire.

Un nombre sans précédent de recherches permettent maintenant une meilleure compréhension des composantes de la perte d'autonomie, tant physique que psychologique. Cela permet de répondre plus adéquatement aux besoins de soutien et de compensation des personnes âgées qui vivent avec des incapacités.

Les tendances et les changements sociaux sont susceptibles d'affecter les personnes âgées et la demande de soins; les familles et le système de services sont ici concernés. Il est sans doute exceptionnel que des familles abandonnent leurs parents. Dans l'avenir cependant, les familles exerceront leurs responsabilités différemment: l'amélioration du niveau général de santé et, conséquemment, l'allongement de la durée de vie feront en sorte que les enfants deviendront des soignants à un âge plus avancé, voire au-delà de 60 ans!

D'autre part, la vive préoccupation des personnes âgées pour le maintien de leur autonomie alliée à une plus grande acceptation sociale permet de prévoir que les aînés utiliseront de façon considérable les réseaux formels et communautaires.

L'avenir commande l'optimisme lorsqu'on songe aux futures cohortes de personnes âgées. Toutefois, des questions essentielles doivent être prises en considération et certaines orientations devront être révisées: financement des services, interfaces entre les divers réseaux de services, prestation de services dans les établissements privés, rôles éventuels des services d'immigration et interculturels, développement de formules intermédiaires d'habitation.

Les Québécoises et les Québécois âgés peuvent compter actuellement sur de nombreuses ressources communautaires, bénévoles et publiques. Malgré tout, pour éviter l'impasse, il paraît urgent d'utiliser au maximum, et en complémentarité, les énergies de chaque organisme, tout en respectant leurs particularités.

Quant aux personnes âgées, elles constituent une source exceptionnelle d'expériences et de générosité. Le Japon l'a bien compris: il favorise le déploiement de leurs compétences et leur intégration aux activités de la vie courante. L'intervention de l'État sera toujours complémentaire à la solidarité. Elle permettra cependant de mieux répondre aux besoins des personnes âgées et des familles. C'est là une condition essentielle.

De tous temps, les gouvernements ont proclamé l'urgence de la prévention. En matière de santé et de services sociaux, la prévention peut prendre plusieurs formes, en particulier lorsqu'il s'agit de soutien aux familles qui s'occupent d'une personne âgée à domicile. On sait que ce sont des femmes en grande majorité (dans 85 % des cas d'après une étude de Leseman et Chaume (1989)) qui fournissent la plupart des services aux aînés. Parler de prévention sans assurer le soutien supplémentaire aux aidants naturels, souvent âgés eux-mêmes, constitue tout au plus un discours théorique.

Interrogés dans le cadre de recherches récentes (Leseman et Chaume, 1989; Guberman *et al.*, 1991), les aidants naturels placent les CLSC au premier rang des ressources publiques auxquelles ils recourent, même s'ils comptent, il va sans dire, beaucoup plus sur eux-mêmes que sur le réseau de la santé et des services sociaux. Il apparaît donc essentiel que le gouvernement dote ces établissements de ressources supplémentaires pour favoriser, par l'entremise des aidants informels, le soutien à domicile des personnes âgées. L'augmentation des coûts à court terme sera ici compensée par l'économie que représente le maintien en milieu naturel.

RECOMMANDATIONS

Améliorer l'accès aux services de soutien à domicile

Attendu que l'on reconnaît à la personne âgée le droit de demeurer chez elle et dans son milieu, même si son autonomie est en baisse;

attendu que plus du tiers des personnes hébergées pourraient vivre dans la communauté;

attendu que les besoins en services à domicile sont grands et que le CLSC apparaît de plus en plus comme le fer de lance des politiques sociosanitaires;

attendu l'importance croissante des organismes communautaires et bénévoles pour la santé mentale de la population âgée;

le Groupe de travail recommande:

49. que le ministère de la Santé et des Services sociaux augmente le budget des CLSC pour les services de soutien à domicile, autant en milieu rural qu'urbain, afin que ces derniers puissent fournir aux aînés le soutien nécessaire, en qualité et en quantité;

50. que le ministre de la Santé et des Services sociaux donne réellement aux CLSC les moyens nécessaires pour soutenir efficacement l'action des aidants informels et les relayer, au besoin;

51. que le ministère de la Santé et des Services sociaux accorde aux organismes communautaires et bénévoles une attention accrue et qu'il leur fournisse les moyens de remplir pleinement leur rôle.

La vie en établissement

Avec le vieillissement de la population âgée, on peut s'attendre dans l'avenir à ce qu'une forte proportion d'aînés éprouve une plus grande vulnérabilité physique, et surtout mentale. Comme c'est le cas actuellement, les services à domicile ne permettront pas toujours de contourner l'inévitable : certaines personnes devront être admises en établissement. Ce sont principalement les personnes de 80 ans ou plus qui forment la population des milieux d'hébergement.

Il est important d'éviter les généralisations indues à l'égard de cette population, généralisations qui ont trop souvent été à l'origine de politiques «mur-à-mur». On sait qu'il existe différents degrés d'incapacité qui se traduisent par divers besoins, allant du milieu résidentiel qui offre des services ponctuels et légers au centre d'accueil axé sur les services médicaux, avec toutes les variations possibles entre ces deux extrêmes. La perte d'autonomie ne doit pas occulter le fait que la personne doit bénéficier d'un milieu de vie le moins contraignant possible et qu'elle doit également pouvoir changer de milieu selon l'évolution de ses besoins et la nature des services requis. Les ressources d'hébergement sont complémentaires au réseau de soins de longue durée (CCNTA, 1992). Les pays européens offrent d'excellents exemples démontrant que l'on peut maintenir l'autonomie grâce à un réseau de services et à un environnement appropriés (Jamieson et Illsley, 1990).

Plusieurs facteurs augmentent la probabilité, pour une personne âgée, d'entrer en établissement. On note par exemple que, pour un degré d'incapacité semblable, la personne âgée qui présente les caractéristiques suivantes risque plus qu'une autre d'être admise en établissement : elle est très âgée, plus isolée, plus déprimée, elle n'est pas mariée, elle vit seule, elle a moins d'enfants vivants et elle ne peut bénéficier d'un fort soutien social. Par ailleurs, il est bien évident qu'une incapacité plus grande augmente encore le risque de placement en établissement (Wan et Weissert, 1981 ; McCoy et Edwards, 1981 ; Shapiro et Webster, 1984).

Les recherches indiquent que la transition, la rupture avec le passé que représente l'entrée en établissement peut être vécue de façon très différente, selon les circonstances. L'hébergement peut être ainsi perçu comme le début de la fin, le présage de la détérioration finale, en somme le prélude à la mort. Il peut par contre être ressenti comme une autre étape, certes difficile, mais positive.

Un milieu de vie doit à la fois reproduire autant que possible une situation «normale» et favoriser l'autonomie des résidents. La normalisation implique que la vie en établissement soit un reflet de la vie dans la communauté ; on privilégiera donc les loisirs et l'animation, les occasions de sociabilité et l'ouverture à la communauté. On néglige trop souvent cet aspect, surtout en milieu urbain : on oublie sans doute combien la dimension communautaire a toujours été valorisée par les personnes âgées. Puisque la qualité de vie des résidents représente le premier but poursuivi par les centres d'hébergement, la référence à la communauté doit rester vivante aussi longtemps que possible (Stryckman et Ladouceur, 1991).

La normalisation exige également que le milieu offre des occasions de stimulation sensorielle et intellectuelle, et qu'il s'inscrive en continuité avec l'expérience culturelle passée de l'individu. L'absence de stimulation peut amener la personne âgée à se concentrer sur sa vie intérieure ; étant plus sensible à son état psychique, elle perdra graduellement prise sur la réalité qui l'entoure (Ebersole et Hess, 1985).

Afin de favoriser l'autonomie, le milieu doit « habiliter » les résidents, ce qui signifie minimiser les contraintes, fournir à l'individu les occasions de maîtriser son environnement et offrir le soutien nécessaire à son épanouissement.

Une étude a démontré les mérites d'un projet visant l'« habilitation » dans un centre auprès de trois groupes cibles : des résidents, des intervenants et des parents de résidents. Les changements d'approches et d'attitudes les plus frappants ont été notés chez les intervenants, qui en sont venus à apprécier et à favoriser davantage les capacités des résidents, à accorder beaucoup plus d'importance à leur autonomie et à leur participation à l'organisation de la vie de l'établissement (Wells *et al.*, 1986).

On sait que la qualité de vie dans les établissements et la satisfaction des résidents sont influencées par la formation du personnel et des administrateurs. Ce sera encore plus vrai dans l'avenir si, comme on le prévoit, la proportion de personnes dont la santé est très détériorée, notamment celles qui sont atteintes de la maladie d'Alzheimer ou d'autres formes de déficiences cognitives, augmente dans les maisons d'hébergement. Les compétences professionnelles exigées par ce type de clientèle représentent un défi pour les établissements de formation.

La relation de l'intervenant avec le bénéficiaire apparaît centrale dans la vie quotidienne en établissement. C'est l'intervenant qui exerce l'autorité la plus directe ; c'est lui également qui représente la principale source de sécurité, qui interprète les règlements, qui a accès à l'information. On pourrait s'attendre à ce qu'un comité de bénéficiaires recrée un équilibre des pouvoirs, mais, dans plusieurs centres, de tels comités ne sont pas fonctionnels même s'ils existent officiellement.

RECOMMANDATION

Attendu qu'il existe une gamme étendue d'établissements qui accueillent des personnes âgées et très âgées;

attendu qu'il est possible d'évaluer assez précisément le degré d'incapacité de la personne âgée;

attendu l'importance, pour la personne âgée hébergée, de conserver un lien relatif avec son passé, grâce à un milieu de vie ouvert;

attendu que la qualité de vie en établissement est fonction de la qualité des relations entre les intervenants et les résidents;

attendu que cette relation repose pour une bonne part sur les règlements et les processus qui marquent l'aménagement de la vie quotidienne en établissement;

le Groupe de travail recommande:

52. que le ministère de la Santé et des Services sociaux instaure, dans chaque établissement d'hébergement, le poste de conseiller en milieu de vie, lequel sera chargé d'établir le lien entre les différents intervenants, de façon à aménager la vie quotidienne des résidents en continuité avec leur vie passée.

La vie en milieu rural

La stagnation démographique et économique de plusieurs communautés rurales représente un problème social important. Les personnes âgées qui vivent dans ces territoires éprouvent souvent plusieurs difficultés, qui se superposent aux problèmes habituels du grand âge. Ces difficultés sont bien connues: isolement géographique, manque de ressources économiques, absence d'infrastructures (transport, logement, services), manque de personnel professionnel et paraprofessionnel, absence de groupes de pression et d'incitatifs pour garder la population plus jeune (Conseil des affaires sociales, 1989). Tous ces problèmes sont intimement liés.

Les activités normales de la vie quotidienne peuvent parfois devenir problématiques en milieu rural, comme le simple fait de se déplacer pour recourir aux services de santé, visiter des parents ou des amis, faire des courses, ou simplement se distraire ou se faire plaisir. La personne âgée risque plus qu'une autre d'avoir de la difficulté à se déplacer, surtout si elle souffre d'une incapacité physique ou mentale. Aussi, la plupart des hommes âgés vivant en milieu rural conduisent une voiture et tiennent absolument à continuer de le faire. C'est là un élément essentiel à leur qualité de vie.

Les problèmes de cette population n'ont pas reçu toute l'attention nécessaire, puisque la plupart des personnes âgées vivent en milieu urbain. Pourtant, dans les milieux ruraux, et particulièrement les petites villes, la proportion de personnes âgées est aujourd'hui considérable. Elle atteindrait même environ 20 % en moyenne à l'échelle du Canada (Stone et Frenken, 1988).

Plusieurs entretiennent encore le mythe selon lequel le milieu rural est plus humain et fournit plus de soutien que le milieu urbain (Martin Matthews, 1988). Pourtant, si l'on recourt davantage aux ressources informelles en milieu rural, c'est au moins en partie parce qu'on n'a pas le choix, les autres ressources étant insuffisantes (MacIntosh, 1988).

Toutes les interventions doivent tenir compte des différences culturelles et du contexte social. Cet élément apparaît encore plus crucial dans les milieux ruraux. Parmi les principaux services à développer, il faut retenir le soutien à domicile, les services de répit, les popotes roulantes et les centres de jour itinérants.

RECOMMANDATIONS

Améliorer les services en milieu rural

Attendu que le dépeuplement des régions rurales au Québec représente un problème important pour les personnes âgées qui y demeurent, surtout à cause de la rareté des ressources et des problèmes de transport;

le Groupe de travail recommande:

53. **que le ministère de la Santé et des Services sociaux s'assure que les personnes âgées des régions rurales et éloignées reçoivent les services nécessaires;**

54. **que le ministère des Transports développe les systèmes de transport traditionnels (autobus) et qu'il évalue**

diverses formules novatrices, par exemple les taxis avec coupons, le partage d'autobus scolaires, les minibus, le covoiturage ou autres, afin que les personnes âgées puissent se déplacer plus facilement;

55. que le ministère des Transports s'assure également que les programmes de recyclage des conducteurs âgés soient accessibles partout au Québec.

4.2.5 Une meilleure perception sociale des aînés

La santé mentale des personnes âgées, comme d'ailleurs celle de tous les individus, dépend de la perception que ces dernières ont d'elles-mêmes. Cette perception est grandement influencée par les médias d'information qui, parfois, reflètent et amplifient des stéréotypes courants à connotation âgiste. Les médias ne sont pas responsables comme tels de ces stéréotypes, mais ils contribuent à les ancrer dans l'opinion populaire. Par exemple, certaines émissions de télévision ont tendance à présenter une image plutôt déprimante des conditions de vie en établissement, confirmant ainsi dans l'esprit du public (incluant le public âgé) qu'il s'agit là d'un mouroir. Des reportages font état d'agressions d'aînés, qui paraîtront d'autant plus sordides que les victimes seront âgées, confortant ainsi le public dans l'idée que le grand âge est synonyme de faiblesse et de décrépitude. Par ailleurs, les émissions qui accordent le plus de place aux personnes âgées sont celles qui font référence au temps passé; les aînés y sont présentés comme des personnages d'une autre époque.

Il arrive également que l'on projette dans la population des propos exagérément alarmistes et des visions quasi apocalyptiques sur le vieillissement futur de la société (De Ravinel, 1989). Ici et là, des allusions à peine voilées se font jour sur le fardeau trop lourd que constitueraient les aînés, souvent jugés responsables des coûts démesurés en matière de santé...

Pour corriger ces perceptions négatives, il apparaît dès maintenant urgent que les ministères à vocation sociale (Santé et Services sociaux et Éducation en particulier) coopèrent avec les médias d'information, surtout la télévision, afin de concevoir des émissions éducatives. De telles émissions, faisant appel à la fiction ou non, sont susceptibles d'émousser le caractère corrosif des stéréotypes et de restaurer la confiance.

RECOMMANDATION

Dans cette perspective, le Groupe de travail formule une dernière recommandation :

56. que le ministère de la Santé et des Services sociaux et le ministère de l'Éducation commandent à la radio et à la télévision d'État des émissions éducatives visant à corriger, au bénéfice de la population âgée, les effets négatifs de certaines réalités diffusées trop souvent sans discernement par les médias d'information.

Conclusion

L'analyse qui précède a mis en évidence les liens entre, d'une part, la santé physique, les ressources personnelles, le réseau social et les facteurs environnementaux et, d'autre part, la santé mentale des personnes âgées. Ces liens sont ressortis autant de la consultation que de la revue de la documentation scientifique. Le Groupe de travail a établi ses recommandations à partir de l'analyse de ces liens complexes.

Il éprouve par ailleurs beaucoup de satisfaction à retrouver dans la recommandation finale du rapport Pelletier une idée qui lui est chère : la création d'un Conseil des aînés, rattaché au Conseil exécutif. Cet organisme suscitera la participation et l'engagement des aînés et favorisera la mise en valeur de leurs intérêts et de leurs points de vue. Le Groupe de travail croit que le Conseil pourra jouer, pour les personnes âgées, un rôle similaire à celui que le Conseil du statut de la femme a rempli pour la condition féminine.

Les consultations ont été fort révélatrices du désir des personnes âgées de prendre leur avenir en main et de construire leur réalité propre. Les aînés veulent se sentir utiles aux autres et à la société. Lors de la consultation, ce facteur est ressorti comme étant très important pour la santé mentale et le renforcement de l'identité. On n'insistera donc jamais assez sur la nécessité de promouvoir la participation des personnes âgées à la vie du milieu et, surtout, de leur fournir toutes les occasions possibles de jouer des rôles gratifiants et propices au maintien de leur autonomie.

La consultation et la recherche ont également mis en évidence les liens entre la qualité de vie des personnes âgées et leur santé mentale. Cette qualité de vie, qui peut être assimilée à l'art de bien vieillir, prend appui sur des conditions de vie offrant confort et sécurité, mais également sur un réseau familial, social et affectif qui alimente la satisfaction de vivre.

Un autre facteur important de santé mentale réside dans la condition économique. Or, plusieurs personnes âgées, des femmes en particulier, rencontrent encore beaucoup de difficultés matérielles. Une personne âgée déclarait lors d'une de nos rencontres : « Donnez-nous des pensions suffisantes et vous n'aurez plus besoin de vous occuper de nous. » Ce point de vue, fort éloquent, se révèle en grande partie fondé. La condition des personnes âgées pauvres, combinée à un manque relatif de services, engendre de la frustration, de l'anxiété, voire de la dépression; elle restreint leur champ d'activités et leur participation à la vie en société. L'avenir interpelle ici le présent. Il faut dès maintenant se pencher sur la condition des femmes au travail, qui occupent dans l'ensemble des emplois moins stables et moins bien rémunérés que ceux des hommes; elles ne pourront donc bénéficier des mêmes conditions que les hommes à la retraite.

Enfin, il faut souligner l'importance de la qualité des intervenants. Même si leur compétence et leur motivation ne doivent aucunement être mises en doute, le Groupe de travail a constaté que des efforts devraient être faits pour leur offrir des programmes de formation plus complets, susceptibles de les aider à mieux percevoir les besoins bio-psycho-sociaux des aînés, et à y répondre. Par ailleurs, plusieurs intervenants nous ont confié que leur tâche était souvent rendue difficile quand les personnes âgées étaient vues ou soignées trop tard. Certains obstacles à l'accès aux services doivent donc ainsi être levés.

On s'en rend compte, la promotion de la santé mentale des aînés représente une tâche d'envergure, qui va bien au-delà de la réforme, pourtant essentielle, des services de santé et des services sociaux. Le champ de la santé mentale nous est en effet apparu extrêmement vaste. Voilà pourquoi nous avons défini un certain nombre d'axes sur lesquels il fallait intervenir en priorité.

Toutefois, nous restons convaincus que le maintien et l'amélioration de la santé mentale des aînés constituent l'affaire de tous, des gens de tous les âges. La santé mentale concerne non seulement les gouvernements, mais l'ensemble de la société. De la coopération émergera la possibilité pour toutes les personnes vieillissantes de s'épanouir.

Liste des recommandations

1. Que les étudiants en médecine soient sensibilisés très tôt dans leur formation :
   - à l'approche bio-psycho-sociale ainsi qu'à l'approche communautaire de la santé ;
   - à l'importance du rôle pédagogique du praticien relativement à la satisfaction de la personne âgée, aux conséquences de l'information qu'il transmet et à la fidélité au traitement ;
   - à l'approche préventive, de sorte que la prévention devienne une attitude à intégrer tout au long de la formation plutôt qu'une connaissance.

2. Que la Fédération des médecins omnipraticiens du Québec, par l'entremise de son comité de formation continue, sensibilise davantage les praticiens à l'approche préventive des problèmes des personnes âgées, tant individuelle que communautaire ; cette approche vise à renforcer la responsabilité des aînés et permet de les orienter, si nécessaire, vers les groupes de soutien dans la communauté.

3. Que la Fédération des médecins omnipraticiens du Québec sensibilise, révise et valorise la pratique médicale en centre d'hébergement, et qu'elle favorise l'approche multidisciplinaire.

4. Que les facultés de médecine et les départements des sciences de la santé favorisent la formation interdisciplinaire et le travail en équipe interdisciplinaire.

5. Qu'un contenu gérontologique soit ajouté au corpus d'enseignement de toutes les disciplines qui concernent le vieillissement de la population.

6. Que les centres universitaires soient sensibles à la nécessité de la formation en gériatrie et qu'ils appuient un noyau indispensable au

développement de cette formation ainsi qu'à la recherche bio-psycho-sociale relativement au vieillissement normal et au vieillissement pathologique.

7. Que la Fédération des médecins omnipraticiens du Québec offre à ses membres, au moyen de la formation continue, des sessions régulières sur la santé mentale des personnes âgées.

8. Que la complémentarité entre les psychiatres et les omnipraticiens soit assurée, dans toutes les régions, soit par entente, jumelage ou toute autre formule adéquate.

9. Que le ministère de la Santé et des Services sociaux considère la problématique de la démence chez les personnes âgées comme une priorité de santé publique.

10. Qu'à cette fin le ministre forme un groupe de travail, en collaboration avec les régies régionales, pour étudier les répercussions de la démence sur le réseau sociosanitaire et la famille.

11. Que l'ensemble des connaissances développées au Québec sur les problèmes cognitifs irréversibles constitue un cadre de référence provincial pour la formation des intervenants dans chacune des régions.

12. Que des mécanismes d'évaluation des interventions de soutien (groupes d'entraide) soient prévus afin d'optimaliser l'efficacité du soutien aux familles qui s'en prévalent.

13. Que les centres de jour facilitent l'accueil des personnes démentes dans la communauté.

14. Que des services souples et coordonnés soient accessibles aux familles des personnes démentes afin de permettre à ces dernières de demeurer le plus longtemps possible dans leur milieu naturel.

15. Que les régies régionales renforcent auprès du réseau sociosanitaire l'utilisation du plan de services individualisé, qu'elles facilitent la formation continue des intervenants et qu'elles favorisent le fonctionnement interdisciplinaire des équipes des services de réadaptation physique et sociale.

16. Que le ministère de la Santé et des Services sociaux rende accessibles et disponibles à la personne âgée et à sa famille les services suivants :
    – le dépistage précoce des problèmes, le traitement des phases aiguës, l'adaptation–réadaptation intensive précoce en milieu hospitalier suivie de la réadaptation en moyen séjour ;

— des évaluations et des services d'aide pour favoriser l'accès aux programmes de soutien à long terme, lorsque les limitations fonctionnelles et les situations de handicap demeurent.

17. Que le ministère de la Santé et des Services sociaux et les régies régionales veillent à ce que les établissements publics et privés aient accès systématiquement aux programmes existants de réadaptation et de réintégration sociale.

18. Que les programmes de réadaptation soient accessibles en milieu naturel; que les CLSC, étant donné le rôle important qu'ils jouent en réadaptation physique et psychosociale, soient dotés des ressources suffisantes pour répondre adéquatement aux besoins.

19. Que les spécialistes de la vue dirigent les personnes âgées atteintes de problèmes visuels graves vers les services d'adaptation–réadaptation, afin que ces personnes puissent développer des stratégies qui leur permettront de continuer à vivre dans leur milieu, ou qu'elles puissent améliorer leur qualité de vie en établissement.

20. Que le personnel œuvrant auprès de la population âgée, dans la communauté ou en établissement, soit vigilant pour dépister toute difficulté de communication des personnes âgées avec leur entourage, afin d'évaluer la difficulté, de la corriger si possible ou encore de la compenser.

21. Qu'une attention particulière soit apportée au suivi des personnes âgées en séjour de courte durée, afin qu'elles aient systématiquement et rapidement accès, si nécessaire, aux services de réadaptation après une affection aiguë.

22. Que le ministère de la Santé et des Services sociaux s'assure de la participation des aînés dans les projets qui les concernent et qui sont présentés par les associations de bénévoles et les organismes communautaires, et qu'il fasse de cette participation une condition de financement des projets.

23. Que les ministères du Travail et de la Main-d'œuvre, de la Sécurité du revenu et de la Formation professionnelle, en collaboration avec les syndicats, encouragent les employeurs à offrir périodiquement à leurs employés l'occasion de faire le point sur leur vie professionnelle et, au besoin, de réorienter leur carrière pour maintenir leur qualité de vie et leur santé, et pour se préparer une retraite satisfaisante; que ces ministères favorisent le développement de formules de travail plus flexibles et mieux adaptées aux personnes âgées qui désirent rester actives (conditions et horaires de travail, temps partiel, temps partagé, etc.).

24. Que le ministère de la Santé et des Services sociaux, en collaboration avec le ministère de l'Éducation et les diverses associations de retraités, offre des sessions de «postretraite» aux personnes qui ont quitté le marché du travail depuis quelques années et qui ont eu à s'adapter à un nouveau mode de vie.

25. Que les universités québécoises développent des programmes en psychogérontologie et en pastorale, tant au niveau du premier cycle qu'au niveau des études avancées, pour répondre au besoin de formation des intervenants actuels et futurs œuvrant auprès des personnes âgées.

26. Que le ministère de la Santé et des Services sociaux finance la création de postes, dans les CLSC, les centres d'accueil pour personnes âgées et les centres hospitaliers de soins de longue durée, pour des professionnels universitaires qualifiés en psychogérontologie, dont le mandat principal serait de travailler en prévention et en promotion de la santé mentale, principalement auprès des personnes âgées et des intervenants de toutes catégories, incluant la famille.

27. Que le ministère de la Santé et des Services sociaux, en collaboration avec le ministère de l'Éducation, les cégeps et les commissions scolaires, élabore et offre, de façon graduelle et systématique, des sessions de formation en psychogérontologie aux préposés œuvrant auprès des personnes âgées vivant à domicile ou en établissement.

28. Que le ministère de la Santé et des Services sociaux intervienne énergiquement auprès des employeurs et des syndicats pour qu'une formation en psychogérontologie, précisée selon le niveau de l'emploi, soit toujours préalable à tout travail auprès des personnes âgées.

29. Que le ministère de la Santé et des Services sociaux mette au point, en liaison avec le ministère de l'Enseignement supérieur et de la Science et le ministère de l'Éducation, des campagnes de promotion, particulièrement auprès des jeunes dans les écoles et les collèges, visant à changer les attitudes négatives et à lutter contre les préjugés à l'endroit des personnes âgées.

30. Que les municipalités et les autres autorités concernées favorisent et développent des programmes de surveillance assurée par les policiers, les pompiers ou les postiers à l'égard des personnes âgées, de façon à prévenir les dangers.

31. Que le ministère de l'Éducation, en collaboration avec les commissions scolaires, suscite et encourage financièrement toutes les initiatives qui auraient pour but l'intégration à l'école des aînés

compétents et motivés, comme aides aux enseignants, dans certaines matières qui s'y prêtent plus particulièrement.

32. Que les CLSC suscitent et soutiennent la création de lieux d'accueil et d'échange pour les personnes âgées; qu'ils offrent également, quand cela est nécessaire, des services de counseling conjugal et familial spécialement destinés aux couples âgés.

33. Que les CLSC soutiennent la formation de groupes d'entraide pour les personnes en deuil, afin de les aider à vivre cette étape et à s'adapter à leur nouveau rôle; qu'ils prêtent une attention toute spéciale aux hommes veufs qui semblent plus vulnérables aux problèmes de santé mentale, afin de les aider à vivre leur deuil et à composer avec les tâches de la vie quotidienne.

34. Que le ministère de la Santé et des Services sociaux, en collaboration avec les CLSC et les établissements de formation, favorise l'élaboration de sessions de formation et d'information à l'intention des aidants informels qui œuvrent auprès des personnes âgées atteintes de déficiences cognitives.

35. Que le ministère de la Santé et des Services sociaux, par l'entremise des CLSC, mette à la disposition des aidants informels un soutien psychologique en favorisant les groupes d'entraide et de soutien mutuel, ainsi que les interventions de soutien émotif individualisées.

36. Que la Régie des rentes du Québec modifie les dispositions des régimes de rentes afin que la «période d'exclusion», contenue dans le calcul des contributions admissibles aux fins de pension, tienne aussi compte du temps consacré aux aînés qui requièrent une aide constante.

37. Que la fonction publique adopte des politiques qui reconnaissent les responsabilités des employés envers les membres dépendants de leur famille, y compris un parent âgé, et qu'elle en fasse la promotion auprès des autres employeurs; que des avantages semblables à ceux qui ont trait aux soins d'un enfant à charge soient aussi applicables, au besoin, aux soins d'un adulte âgé qui, sans cette aide, serait contraint de vivre en établissement.

38. Que le ministère de la Santé et des Services sociaux et le ministère de l'Éducation prennent les mesures nécessaires, telles des bourses, pour encourager les étudiants des minorités culturelles à acquérir une formation en psychogérontologie pour œuvrer auprès de leurs congénères aînés.

39. Que le ministère de la Santé et des Services sociaux reconnaisse l'importance du rôle des associations représentant les communautés

culturelles dans l'organisation de services pour leurs membres âgés, et qu'il leur fournisse le soutien nécessaire pour mener à bien cette tâche.

40. Que le ministère de la Santé et des Services sociaux, avec l'aide des associations de personnes âgées des communautés culturelles, informe le grand public des caractéristiques culturelles propres à chacune des communautés pour que les Québécois puissent mieux comprendre leurs concitoyens âgés et qu'une tolérance réciproque se développe.

41. Que le gouvernement du Québec, à l'instar de la majorité des provinces canadiennes, crée un régime de supplément de revenu complémentaire au supplément de revenu garanti fédéral.

42. Que le niveau des suppléments varie sur une base régionale et selon le nombre de personnes avec lesquelles un aîné habite et la taille de la municipalité où il réside.

43. Que le gouvernement du Québec collabore avec le gouvernement fédéral pour organiser, sur une base régionale, des sessions de formation offertes par l'entremise des associations de personnes âgées pour former des aînés qui informeraient leurs pairs sur les programmes gouvernementaux et les bénéfices qu'ils peuvent en retirer, et qui les aideraient également à remplir les formulaires administratifs.

44. Que les municipalités adhèrent à «Villes et villages en santé», qu'elles sollicitent et facilitent la participation des personnes âgées, afin que ces dernières puissent participer à l'élaboration, au suivi et à l'évaluation de projets sur l'habitation, le transport, les loisirs ou tout autre programme relevant des administrations municipales et qui concerne directement les citoyens âgés.

45. Que chaque municipalité du Québec nomme un conseiller municipal chargé de toutes les questions relatives aux personnes âgées de la municipalité.

46. Que la Société d'habitation du Québec, en collaboration avec le ministère de la Santé et des Services sociaux, assure un développement équilibré des ressources intermédiaires publiques et privées pour aînés en légère perte d'autonomie.

47. Que la Société d'habitation du Québec offre, sur une base régionale, les services de conseillers en habitation qui expliquent clairement aux aînés et à leurs proches les diverses options de logement (publiques, privées, coopératives) et qui les aident à choisir ce qui correspond le mieux à leurs besoins.

48. Que les critères d'admissibilité aux logements sociaux, aux subsides et aux services officiels soient revus, afin de s'assurer qu'ils ne font pas obstacle à la cohabitation d'une personne âgée en perte d'autonomie avec un aidant informel ou toute autre personne intéressée à cohabiter avec elle.

49. Que le ministère de la Santé et des Services sociaux augmente le budget des CLSC pour les services de soutien à domicile, autant en milieu rural qu'urbain, afin que ces derniers puissent fournir aux aînés le soutien nécessaire, en qualité et en quantité.

50. Que le ministre de la Santé et des Services sociaux donne réellement aux CLSC les moyens nécessaires pour soutenir efficacement l'action des aidants informels et les relayer, au besoin.

51. Que le ministère de la Santé et des Services sociaux accorde aux organismes communautaires et bénévoles une attention accrue et qu'il leur fournisse les moyens de remplir pleinement leur rôle.

52. Que le ministère de la Santé et des Services sociaux instaure, dans chaque établissement d'hébergement, le poste de conseiller en milieu de vie, lequel sera chargé d'établir le lien entre les différents intervenants, de façon à aménager la vie quotidienne des résidents en continuité avec leur vie passée.

53. Que le ministère de la Santé et des Services sociaux s'assure que les personnes âgées des régions rurales et éloignées reçoivent les services nécessaires.

54. Que le ministère des Transports développe les systèmes de transport traditionnels (autobus) et qu'il évalue diverses formules novatrices, par exemple les taxis avec coupons, le partage d'autobus scolaires, les minibus, le covoiturage ou autres, afin que les personnes âgées puissent se déplacer plus facilement.

55. Que le ministère des Transports s'assure également que les programmes de recyclage des conducteurs âgés soient accessibles partout au Québec.

56. Que le ministère de la Santé et des Services sociaux et le ministère de l'Éducation commandent à la radio et à la télévision d'État des émissions éducatives visant à corriger, au bénéfice de la population âgée, les effets négatifs de certaines réalités diffusées trop souvent sans discernement par les médias d'information.

2

Les personnes et les organismes consultés

Nous adressons nos plus chaleureux remerciements:

Aux quelque 200 personnes âgées qui ont répondu à notre invitation à Rouyn, Chicoutimi, Windsor, Montréal (francophones et anglophones), Rimouski, Saint-Anaclet, Québec (francophones et anglophones), Sainte-Geneviève-de-Batiscan, Saint-Georges-de-Beauce; aux gens du Holy Cross Residence de Montréal, du Forum des citoyens âgés de Montréal, du Golden Age Association de Montréal, des communautés italienne, grecque et haïtienne.

Aux chercheurs Louise Lévesque de l'Université de Montréal, Mario Paquet du DSC Lanaudière, Guillème Pérodeau du Centre de recherche de l'Hôpital Douglas, Astrid Lefebvre du CSSMM et Daniel Thomas du DSC Sainte-Justine.

Aux intervenants œuvrant en Abitibi-Témiscamingue:

- Pierrette Alwin, CA Malartic
- Denis Beaudry, Amos
- Ghyslain Beaulé, CSSSAT
- Daniel Bergeron, CA Pie XII, Rouyn
- Ghyslaine Charron, CSSSAT
- Robert Charron, curé à Rouyn
- Clémence Gauvin, CSS, Rouyn
- Christiane Glaçon, CH Malartic
- Richard Kistabish, communauté algonquine
- Suzelle Neveu, CA Ville-Marie
- Nicole Binet

Aux organismes particulièrement actifs auprès des personnes âgées:
- Fédération des CLSC:
  - Marcel Sénéchal, directeur de programmes
  - Jean-Pierre Bélanger, adjoint au directeur général
  - Mireille Lemasson, conseillère-cadre à la direction des programmes et responsable du programme de maintien à domicile
- Regroupement des DSC du Montréal métropolitain:
  - André Bergeron, agent de planification, DSC de l'Hôpital Sacré-Cœur, Montréal
  - Michel Mongeon, DSC Verdun
  - Danielle Maltais, DSC de l'Hôpital général de Montréal
- Santé-Québec:
  - Louise Guyon, coordonnatrice de projets à Santé-Québec
  - Chantal Perreault, DSC Maisonneuve-Rosemont, coresponsable du dossier Santé mentale de l'enquête Santé-Québec
  - Jean-Pierre Lavoie, DSC Verdun, corédacteur de la monographie *Les personnes défavorisées* de Santé-Québec
  - Louise Lapierre, analyste de Statistique Canada et corédactrice de la monographie *Les personnes âgées* de Santé-Québec
- Association canadienne de la santé mentale:
  - Michel Trottier, directeur général de la division du Québec
- Conseil du statut de la femme:
  - Micheline Boivin
  - Chantale Brouillet
- Association québécoise de gérontologie:
  - Christiane Dumoulin, secrétaire générale de l'AQG
  - Colette Parent, directrice des soins infirmiers de la résidence Biermans
  - Lucien St-Arnaud, membre du conseil d'administration de l'AQG
- Fédération des centres d'action bénévole du Québec:
  - Roger Barbeau, bénévole, Groupe Harmonie (centre-ville de Montréal)
  - Stella Beaudoin, bénévole, Centre d'action bénévole La Mosaïque (Rive-Sud)

- Mireille Ferland, bénévole, Centre d'action bénévole La Mosaïque
- Fernande Harrisson, bénévole, Centre d'action bénévole La Mosaïque
- Gratia Pépin, vice-présidente, Solidarité d'Argenteuil (Lachute)
- Irène Pilote, enseignante, Solidarité d'Argenteuil
- Richard Trépanier, intervenant communautaire, Solidarité d'Argenteuil

– Association québécoise pour la défense des droits des retraité(e)s et des préretraité(e)s :
  - Yvette Brunet, présidente de l'AQDR
– Foyer Notre-Dame de Lourdes :
  - Patricia Gignac, responsable du centre de jour
– Centre d'action bénévole du Québec :
  - Jean Brousseau, directeur
– Fédération de l'âge d'or du Québec (FADOQ) :
  - Claudette Gélineault, agente d'information
  - Rose-Aimée Leblanc, présidente
  - Ivanhoé Lemay, agent d'information
  - Gérard St-Jean, agent de recherche
– Équipe ambulatoire de psychogériatrie du CHUL :
  - Yolande Guillemot, m.d.
– Ministère de la Santé et des Services sociaux :
  - Lucie Bélanger
  - Patricia Caris
  - Murielle Freitza
  - Jeannine Gagnon
  - Daniel Gagnon
  - Simon Tremblay
– Société de psychogériatrie du Québec :
  - Michel Fréchette
  - Pierre Parenteau
– Conférence des CRSSS :
  - Jean-Paul Ouellette
– Kino-Québec :
  - Lise Ferland

- Association des offices d'habitation du Québec:
  - Claude Poulin
- Projet ville en santé Sherbrooke:
  - Louise Gosselin
- Petits frères des pauvres de Montréal:
  - Jean Ouellet
- CRSSS de l'Outaouais:
  - Thierry Boyer
- Nouveaux horizons:
  - Roger Mondor
- Association des centres d'accueil du Québec:
  - Jean Quintal

Nous adressons enfin nos vifs remerciements à deux experts européens pour leurs avis précieux:

- madame Maximilienne Levet-Gautrat, psychosociologue et chercheure au Laboratoire psychosocial de l'Université de Paris X, Nanterre
- professeur Jacques Fessard, directeur du CECAP (Centre conseil pour l'adaptation et la prévention), Paris

Bibliographie

ABU-LABAN–McIRVING, S., «Les femmes âgées: problèmes et perspectives», *Sociologie et société*, XVI, 2, oct. 1984, p. 69-78.

ADLERSBERG, M. et THORNE, S., «Emerging from chrysalls: older widows in transition», *Journal of Gerontological Nursing*, 16, 1, 1990, p. 4-8.

ALLARD, C., *Lieux de contrôle interne-externe, anxiété, processus de désengagement et satisfaction face à la vie chez des sujets âgés de 65 ans et plus*, mémoire de maîtrise, Université du Québec à Trois-Rivières, 1982.

ALTERGOTT, K., «Marriage, gender and social relations in later life», dans PETERSON, W. et ONADAGNO, J. (dir.), *Social Bonds in Later Life: Aging and Interdependence*, Beverly Hills, Sage Publications, 1985, p. 51-70.

ATCHLEY, R.C., «A continuity theory of normal aging», *The Gerontologist*, 29, 2, 1989, p. 184.

AUMOND, M., *Aspects psychologiques reliés au vieillissement*, Montréal, Éditions Odilon, 1987.

AUMOND, M., *Éléments de gérontologie*, Montréal, Aumond éditeur, 1982.

BADEAU, D., «"Sa tendresse me fait exister", vitalité au troisième âge», *Les cahiers des journées de formation annuelle du sanatorium Bégin*, 6, 1986, p. 35-43.

BANDURA, A., *Social Foundations of Thought and Action: A Social Cognitive Theory*, Englewood Cliffs, Prentice-Hall, 1986.

BEISER, M., «The mental health of immigrants and refugees in Canada», *Santé, Culture, Health*, 5, 2, 1988, p. 197-224.

BERGMAN, H., «La personne démente: approche diagnostique», *L'Actualité médicale*, 22 février 1989.

BINSTOCK, R.H., «Prevention for the elderly», *The Gerontologist*, vol. 342, juin 1990.

BIRRE, J.E. et RENNER, V.J., «Health and aging», *Institut de la vie*, OMS, 1983.

BLANCHET, M., «La médecine comme pédagogie», *Traité d'anthropologie médicale*, IQRC, 1985.

BLANDFORD, A. et CHAPPELL, N., «Can the elderly be differentiated by housing alternatives?», *Journal of Housing for the Elderly*, 1, 1990, p. 35-53.

BLONDEAU, D., *La qualité de vie*, thèse de doctorat, Université Laval, 1989.

BOJRAB, S. *et al.*, «A model for predicting depression in elderly tenants of public housing», *Hospital and Community Psychiatry*, 39, 3, 1988, p. 304-309.

BOLDUC, M. et GARANT, L., *L'aide par les proches*, Québec, ministère de la Santé et des Services sociaux, 1990.

BOUCHER, N., «Le vieillissement démographique nous conduit-il inéluctablement vers un avenir gris?», *Le gérontophile*, 13, 4, 1991, p. 9-13.

BRINK, S., «Le vieillissement de la population. Son incidence sur la politique canadienne du logement», *Métropolis*, 94-95, s.d., p. 7-12.

BRODY, E.M. et KLEBAN, M.H., «Physical and mental symptoms of older people: whom do they tell?», *Journal of the American Geriatrics Society*, 29, 1981, p. 442-449.

BRUNET, A., «La vie affective chez le patient dément», *L'Actualité médicale*, mars 1990.

BUREAU DE LA STATISTIQUE DU QUÉBEC, *Les personnes âgées au Québec*, 1986.

CABIROL, C., «La santé des personnes âgées», *Rencontre*, XI, 42, été 1982.

CANTIN, H., *Le concept de «locus of control»: une revue critique de littérature*, mémoire de maîtrise, Université de Montréal, 1975.

CAPLAN, G., «Support Systems», dans CAPLAN, G. (dir.), *Support Systems and Community Mental Health*, New York, Basic Books, 1974.

CAPPIELLO, A., «La loi 120, un exercice futile?», *L'actualité*, août 1991, p. 55.

CARRÉ, P., «Le troisième âge de l'éducation permanente: retraite et formation», *Éducation permanente*, n° 51, déc. 1979, p. 85.

CASSEL, J., «Psychosocial processes and stress: theorical formulations», *International Journal of Health Services*, 4, 1974, p. 471-482.

CAVAN, R.S. *et al.*, *Personal Adjustment in Old Age*, Chicago, Science Research Associates, 1949.

CHAMPAGNE, R., «Vieillesse et psychologie», *Les cahiers des journées de formation annuelle du sanatorium Bégin*, 1, 1, 1982, p. 55-66.

CHAMPAGNE, R., DENIS, M.-C. et ROY, B., *Guide de formation sur l'insertion sociale du troisième âge*, ministère de l'Éducation du Québec, 1984.

CHAN, K., *Coping with Aging and Managing Self-Identity: The Social Work of the Elderly Chinese Women*, Canadian Ethnic Studies, 15, 3, 1983, p. 36-50.

CHAPPELL, N., *Formal Programs for Informal Caregivers of the Elderly or Supporting Elder Care*, Ottawa, préparé pour SBEC, 1989.

CHAPPELL, N., *Living Arrangements and Primary Care: Their Relevance for Formal Health Care*, Ottawa, préparé pour SBEC, 1987.

CHAPPELL, N. et HAVENS, B., «Who helps the elderly persons: discussion of informal and formal care», dans PETERSON, W. et ONADAGNO, J. (dir.), *Social Bonds in Later Life: Aging and Interdependance*, Beverly Hills, Sage Publications, 1985, p. 211-229.

CLARK, M. et ANDERSON, B., «Culture and aging», traduit dans *Gérontologie*, 70, 1, Paris, 1967.

CLARK, N.M. et LORIG, K., «Self-management of chronic disease by older adults», *Journal of Aging and Health*, 3, 1, 1991.

CLSC SAGUENAY-NORD, *Les aînés dans leurs familles*, Chicoutimi-Nord, 1987.

COHEN, G., «The interface of mental and physical health phenomena in later life: new directions in geriatric psychiatry», *Gerontology and Geriatrics Education*, 9, 3, 1989, p. 27-38.

COLE, T.R., «Aging, history and health: progress and paradox», *Health and Aging*, Schroots, Birren Svanborg, 1988.

COMMISSION D'ENQUÊTE SUR LA SANTÉ ET LES SERVICES SOCIAUX, *Rapport*, Les Publications du Québec, 1988.

CONNIDIS, I., *Family Ties and Aging*, Toronto, Butterworths, 1989.

CONSEIL CONSULTATIF NATIONAL SUR LE TROISIÈME ÂGE, *Qualité de vie et soins de longue durée en institution: une approche concertée*, Ottawa, Approvisionnements et Services Canada, 1992.

CONSEIL CONSULTATIF NATIONAL SUR LE TROISIÈME ÂGE, *Les conditions économiques des aîné-e-s au Canada*, Ottawa, Approvisionnements et Services Canada, 1991.

CONSEIL CONSULTATIF NATIONAL SUR LE TROISIÈME ÂGE, *L'aide informelle: soutien et mise en valeur*, Ottawa, 1990.

CONSEIL CONSULTATIF NATIONAL SUR LE TROISIÈME ÂGE, *Pour mieux comprendre l'autonomie des aînés: les obstacles et avenues de solutions*, Ottawa, Approvisionnements et Services Canada, 1989.

CONSEIL DES AFFAIRES SOCIALES, *Financement des services de santé, défis pour les années 90*, Gouvernement du Québec, 1990.

CONSEIL DES AFFAIRES SOCIALES, *Deux Québec dans un*, Gouvernement du Québec, 1989.

CONSEIL DES AFFAIRES SOCIALES ET DE LA FAMILLE, *La santé des Québécois* (4 volumes), Gouvernement du Québec, 1984.

CONSEIL DES AFFAIRES SOCIALES ET DE LA FAMILLE, *Objectif: santé*, Gouvernement du Québec, 1984.

CONSEIL NATIONAL SUR LE BIEN-ÊTRE, *La femme et la pauvreté, dix ans plus tard*, Ottawa, MAS, 1990.

CONSEIL NATIONAL SUR LE BIEN-ÊTRE, *Réforme des pensions*, Ottawa, MAS, 1990.

CONSEIL NATIONAL SUR LE BIEN-ÊTRE, *Les seuils de pauvreté de 1989*, Ottawa, MAS, 1989.

CONSEIL RÉGIONAL DE LA SANTÉ ET DES SERVICES SOCIAUX DE LA RÉGION DE QUÉBEC, *Études des caractéristiques de la clientèle en liste d'attente pour le réseau institutionnel d'hébergement*, 1989.

CONSEIL RÉGIONAL DE LA SANTÉ ET DES SERVICES SOCIAUX DU MONTRÉAL MÉTROPOLITAIN, *La distribution de la pauvreté et de la richesse dans les régions urbaines du Québec: portrait de la région de Montréal*, Direction des services professionnels, 1986.

CONSUMER PRODUCT AND SAFETY COMMISSION, *Safety for Older Consumers*, Washington, Government Printing Office, juin 1986.

CORIN, E. *et al.*, *Comprendre pour soigner autrement*, Montréal, Les Presses de l'Université de Montréal, 1990.

CÔTÉ, M., «Gérer le vieillissement», dans AUMOND, M., *Éléments de gérontologie*, Montréal, Aumond éditeur, 1982, p. 73-88.

CROZIER, M., *Le mal américain*, Montréal, Éditions Sélect, 1982.

CUMMING, C. et HENRY, W.E., *Growing Old: The Process of Desengagement*, New York, Basic Books, 1961.

DELSOIN, M., « Vieillir dans son pays d'adoption », *Le gérontophile*, 13, 2, 1991.

DEPARTMENT OF HEALTH, EDUCATION AND WELFARE, *Healthy People*, Washington, 1979.

DEPARTMENT OF HEALTH, EDUCATION AND WELFARE, *Healthy Older People*, Washington, 1979.

DE RAVINEL, H., « L'apocalypse n'aura pas lieu », *Santé Société*, 11, 2, 1989, p. 41-44.

DISMAN, M., *Seniors in Multicultural Canada: Challenges of Access and Equality*, Ottawa, préparé pour SBEC, 1989.

DISMAN, M., « Immigrants and other grieving people: insights for counselling practices and policy issues », *Canadian Ethnic Studies*, 15, 3, 1983, p. 106-118.

DOHRENWEND, B. *et al.*, « Symptoms, hassles, social support, and life events: problems of confounding measures », *Journal of Abnormal Psychology*, 93, 1984, p. 222-230.

DORVIL, H. *et al.*, « Amour, bain, comprimé, ou l'ABC de la désinstitutionnalisation », *Commission d'enquête sur les services de santé et les services sociaux*, Québec, 1988.

DOYLE, T.H. et GRANADA, J.L., « Influence of two management approaches on the health status on women with arthritis », *Arthritis and Rheumatism*, 25, 1982, S56.

DRIEDGER, L. et CHAPPELL, N., *Ethnicity and Aging: Toward an Interface*, Toronto, Butterworth, 1987.

DUBOS, R., « L'homme face à son milieu », *Médecine et société, les années 80*, Montréal, Éditions Saint-Martin, 1986.

EBERSOLE, P. et HESS, P., *Toward Healthy Aging: Human Needs and Nursing Response*, St. Louis, Mosby, 1985.

EPP, J., *La santé pour tous: plan d'ensemble pour la promotion de la santé*, Gouvernement du Canada, 1986.

FORBES, W. *et al.*, *Institutionalization of the Elderly in Canada*, Toronto, Butterworths, 1987.

FORETTE, F., « Recherche et prévention », *Gérontologie et société*, 51, 1989.

FOUGEYROLLAS, P., *Prévenir, réduire et compenser les conséquences des maladies et traumatismes: déficiences, incapacités et situations de handicaps*, mémoire à la Commission d'enquête sur les services de santé et les services sociaux, 1988.

FRIES, J.F., « Aging, natural death and the compression of morbidity », *New England Journal of Medicine*, 303, 1980, p. 130-135.

GALLAGHER, D. *et al.*, « Effects of bereavement on indicators of mental health in elderly widows and widowers », *Journal of Gerontology*, 38, 5, 1983, p. 565-571.

GAUTHIER, H. et DUCHESNE, L., *Le vieillissement démographique et les personnes âgées au Québec*, Les Publications du Québec, 1991.

GEE, E. et KIMBALL, M., *Women and Aging*, Toronto, Butterworths, 1987.

GELFAND, D., « Ethnicity, aging and mental health », *International Journal of Aging and Human Development*, 10, 3, 1979, p. 289-298.

GENDRON, C., POITRAS, L., DASTOOR, D. et LEVINE, N., « Training caregivers », dans O'NEILL, D. (dir.), *Careers, Professionals, and Alzheimer's Disease*, Dublin, John Libbey, 1991, p. 95-102.

GEORGE, L., *Role Transitions in Later Life*, Monterey, Brooks/Cole, 1980.

GILBERT, R., « Le vieillissement et les pratiques dans l'entreprise », dans CÔTÉ, M., *Le vieillissement, mythes et réalités*, Montréal, Presses HEC, 1981, p. 47-61.

GLADSTONE, J., « Grandmother-grandchild contact: the mediating influence of the middle generation following marriage breakdown and remarriage », *Canadian Journal on Aging*, 8, 4, 1989, p. 355-365.

GOTTLIEB, B., « Social support and community mental health », dans COHEN, S. et SYME, L. (dir.), *Social Support and Health*, New York, Academic Press, 1985.

GOTTLIEB, B., « Social networks and social support in community mental health », dans GOTTLIEB, B. (dir.), *Social Networks and Social Support*, Beverly Hills, Sage Publications, 1981.

GRANOVETTER, M., « The strength of weak ties », dans LEINHARDT, S. (dir.), *Social Networks: A Developing Paradigm*, New York, Academic Press, 1977.

GUBERMAN, N. *et al.*, *Et si l'amour ne suffisait pas...*, Montréal, Éditions du Remue-ménage, 1991.

GUILLEMARD, A.M. et LENOIR, R., *Retraite et échange social*, Paris, CEMS, 1974.

GUTMAN, G. *et al.*, « Mortality rates five years after admission to a long term care program », *Revue canadienne du vieillissement*, 5, 1986, p. 9-17.

HAREL, Z. *et al.*, « Predictors of mental health among semi-rural aged », *The Gerontologist*, 22, 1982, p. 499-504.

HAREL, Z. et DEIMLING, G., « Social resources and mental health: an empirical refinement », *Journal of Gerontology*, 39, 1984, p. 747-752.

HAVIGHURST, R.J. et ALBRECHT, R., *Older People*, New York, Longmans Green, 1953.

HÉBERT, R., « Perte d'autonomie », dans ARCAND-HÉBERT, R., *Précis pratique de gériatrie*, Saint-Hyacinthe, Édisem, 1987, p. 96-107.

HERMANOVA, H. et OMS, « *La vieillesse: un problème planétaire* », Conférence francophone canadienne des services d'hébergement et des soins de longue durée, 1989.

HESS, B. et SOLDO, B., « Husband and wife networks », dans SAUER, W. et COWARD, R. (dir.), *Social Support Networks and the Care of the Elderly*, New York, Springer, 1985.

HÉTU, J.-L., *Psychologie du vieillissement*, Montréal, Éditions Méridien, 1988.

HIRDES, J. *et al.*, « The association between self-reported income and perceived health based on the Ontario longitudinal study of aging », *Revue canadienne du vieillissement*, 5, 3, 1986, p. 189-204.

HOCHSCHILD, A., « Disengagement theory: a critique and proposal », *American Sociological Review*, 40, oct. 1975, p. 553-569.

HOCHSCHILD, A., *The Unexpected Community*, Englewood Cliffs, Prentice-Hall, 1973.

HOLMES, T. et RAHE, R., «The social adjustment scale», *Journal of Psychosomatic Medicine*, 11, 1967, p. 213-218.

JAMIESON, A. et ILLSLEY, R. (dir.), *Contrasting European Policies for the Care of Older People*, Aldershot, Avebury, 1990.

JOHNSON, T., «Critical issues in the definition of elder mistreatment», dans PILLEMER et WOLF, *Elder Abuse, Conflict in the Family*, Dover, Auburn House, 1986, p. 167-195.

JONES, S., «The abilities of the elders: theory X and theory Y», *Liberation of the Elders*, Beth Johnson Foundation Publications, 1976, p. 15-29.

JULIEN, P.A. et VERMOT-DESROCHES, B., «Vieillissement de la population et coûts de la santé au Québec à l'an 2001», *Futuribles*, 143, mai 1990.

JUTRAS, S., VEILLEUX, F. et RENAUD, M., *Des partenaires méconnus: les aidants des personnes âgées en perte d'autonomie*, GRASP, Université de Montréal, 1989, p. 98.

KEITH, P., «Postponement of health care by widowed, divorced and never-married older men», dans ADE-RIDDLER, L. et HENNON, C. (dir.), *Life-Styles of the Elderly: Diversity in Relationships, Health and Caregiving*, New York, Human Sciences Press, 1989, p. 173-184.

KERGOAT, M.J., «La prévention à un âge avancé: aspects globaux», *L'Actualité médicale*, janvier 1991.

KIVNICK, H., «Grandparenthood and mental health: meaning, behavior and satisfaction», dans BENGTSON, V. et ROBERTSON, J.(dir.), *Grandparenthood*, Beverly Hills, Sage Publications, 1985, p. 151-158.

KIVNICK, H., «Grandparenthood: an overview of meaning and mental health», *The Gerontologist*, 22, 1, 1982, p. 59-66.

KRAMER, M., «The rising pandemic of mental disorder and associated chronic diseases and disorders», *Epidemiological Research as Basis for the Organization of Extramural Psychiatry, Acta Psychiatrica Scandinavica*, 62, supplément n° 285, 1980.

KRAUSS, N., «Social support, stress and well-being among older adults», *Journal of Gerontology*, 41, 4, 1986, p. 512-519.

KUYPERS, J.A., «Internal-external locus of control, ego functioning and personality characteristics in old age», *The Gerontologist*, 12, 1972, p. 168-173.

LABERGE, A. et JOUBERT, P., *Le monitoring de l'utilisation des services aux personnes âgées et en perte d'autonomie. Un cas-traceur: les fractures de la hanche*, Organisation et évaluation des services de santé, DSC, CHUL, oct. 1989.

LAFOREST, J., *Introduction à la gérontologie: croissance et déclin*, Ville Lasalle, Éditions Hurtubise HMH, 1989.

LALONDE, M., *Nouvelles perspectives de la santé des Canadiens*, Ottawa, ministère de la Santé nationale et du Bien-être social, 1974.

LAOUABDIA, S., «Peut-on soigner la démence?», *Gérontologie et société*, cahier n° 46, 1988.

LAUZON, J.-S., «Aperçu de quelques théories psychosociales du vieillissement», *Santé mentale au Québec*, nov. 1980, V, 2, p. 3-11.

LAVOIE, F., «Veuvage et solitude», *Revue québécoise de psychologie*, 4, 1, 1983, p. 48-61.

LEBLANC, R., « Le problème de l'accessibilité financière au logement chez les personnes âgées », *Actualité immobilière*, 9, 4, 1986, p. 50-54.

LECLERC, G., « L'actualisation des personnes âgées », *Le Soleil*, novembre 1991.

LÉPINE, L., *Le suicide chez les personnes âgées du Canada*, Ottawa, Approvisionnements et Services Canada, 1982.

LESEMAN, F. et CHAUME, C., *Familles providence–La part de l'État*, Montréal, Éditions Saint-Martin, 1989.

LEVET-GAUTRAT, M., « Le corps âgé », *Gérontologie et société*, 51, 1989.

LINDSAY, C. et DONALD, S., « Income of Canada's seniors », *Canadian Social Trends*, automne 1988, p. 20-25.

LONG, C., « Family care of the elderly : stress, appraisal, and coping », *The Journal of Applied Gerontology*, 10, 3, 1991, p. 311-327.

LOPATA, H. (dir.), *Widows : Volume II. North America*, Durham, Duke University Press, 1987.

LOPATA, H., HEINEMANN, G.D. et BAUM, J., « Loneliness : antecedents and coping strategies in the lives of widows », *Loneliness*, New York, Wiley and Sons, 1982.

LORIG, K. *et al.*, « Arthritis self-management : a study of the effectiveness of patient education for the elderly », *The Gerontologist*, 24, 1984.

LUMPKIN, J.R., « Health versus activity in olderly persons locus of control », *Perceptual and Motor Skills*, 60, 1, p. 288.

MACINTOSH, A., *Health and Social Supports for Elderly Persons in a Rural Environment*, thèse de maîtrise présentée à la Faculté des études graduées de l'Université de Guelph, 1988.

MACREA, H., « Older women and identity maintenance in later life », *Revue canadienne du vieillissement*, 9, 3, 1990.

MALTAIS, D., *Les personnes âgées et leur domicile : un outil d'identification des améliorations souhaitables à réaliser dans leur environnement*, Société canadienne d'hypothèques et de logement, septembre 1988.

MARCIL-GRATTON, N. et LÉGARÉ, J., « Vieillesse d'aujourd'hui et demain : un même âge, une autre réalité ? », *Futuribles*, 110, 1987.

MARSHALL, V.W. et TINDALE, J., « A generational-conflict perspective for gerontology », *Aging in Canada*, Fitzheny and Whiteside, 1980.

MARTIN MATTHEWS, A., *Widowhood in Later Life*, Markham, Butterworths (à paraître).

MARTIN MATTHEWS, A., *Social Supports Among the Elderly Widowed and Divorced : Extended Family, Friends and Neighbours*, présenté au Congrès annuel de l'Association canadienne de gérontologie, Halifax, 1988.

MARTIN MATTHEWS, A., « Women and widowhood », dans MARSHALL, V.W. (dir.), *Aging in Canada : Social Perspectives*, Toronto, Fitzhenry and Whiteside, 1980, p. 145-154.

MATTEAU, H., *Apports de l'ergothérapie à la clientèle psycho-gériatrique de l'Hôpital général de Québec*, Québec, 1989.

McCOY, J. et EDWARDS, B., «Contextual and sociodemographic antecedents of institutionalization among aged and welfare recipients», *Medical Care*, 19, 9, 1981, p. 907-921.

McDANIEL, S., *Canada's Aging Population*, Toronto, Butterworths, 1986.

McDONALD, L. et WANNER, R., *Retirement in Canada*, Toronto, Butterworths, 1990.

McPHERSON, B., *Aging as a Social Process*, Toronto, Butterworths, 1990.

MEDALLE, J., «Bereavement: health consequences and prevention strategies», dans GOLDBLOOM, R. et LAWRENCE, R. (dir.), *Preventing Disease. Beyond the Rhetoric*, New York, Springer-Verlag, 1990, p. 168-178.

MINDEL, C. et WRIGHT, R., *Living Arrangements of Elderly and Morale*, présenté au Congrès annuel de l'Association canadienne de gérontologie, 1981.

MINISTÈRE DE LA SANTÉ ET DES SERVICES SOCIAUX, *Nature et gravité des incapacités au Québec en 1986: un portrait statistique des adultes à domicile et en établissements selon l'Enquête sur la santé et les limitations d'activité*, Québec, 1991.

MINISTÈRE DE LA SANTÉ ET DES SERVICES SOCIAUX, *Politique de santé mentale*, Québec, 1989.

MINISTÈRE DE LA SANTÉ ET DES SERVICES SOCIAUX, *Pour améliorer la santé et le bien-être au Québec: orientations*, Québec, 1989.

MINISTÈRE DE LA SANTÉ ET DES SERVICES SOCIAUX, *Et la santé, ça va? Tome 1, Rapport de l'Enquête Santé-Québec*, Québec, Les Publications du Québec, 1988.

MOAMAI, N., «La dépression du sujet âgé», *Gérontologie et société*, cahier n° 46, 1988.

MONTPLAISIR, M.L. et DUFOUR, T., «Le vieillissement et la santé de l'individu, l'âge et la santé au travail», dans CÔTÉ, M., *Le vieillissement, mythes et réalités*, Montréal, Presses HEC, 1981, p. 29-39.

MOREL, D. et LACHAPELLE, A., «Interview de Jean-Paul Arsenault, président-directeur général de la Société d'habitation du Québec», *Métropolis*, 94-95, s.d., p. 29-35.

MOSELEY, P. *et al.*, «Support groups for male caregivers of Alzheimer's patients: a follow-up», *Clinical Gerontologist*, 7, 3-4, 1988, p. 127-136.

MUSTARD, F., présentation au Colloque sur le vieillissement de la population et les contraintes financières du système, Winnipeg, 1986.

NAIDOO, J., «The South-Asian experience of aging», *Multiculturalism*, 8, 3, 1985, p. 3-6.

NOVAK, M., *Aging and Society: A Canadian Perspective*, Scarborough, Nelson Canada, 1988.

PARÉ, S., *Le bonheur que tu promets*, Lac-Beauport, Éditions Anne Sigier, 1983.

PARÉ, S., «Valeurs, attitudes et comportements religieux des aînés du Québec», dans AUMOND, M., *Éléments de gérontologie*, Montréal, Aumond Éditeur, 1982, p. 103-122.

PETTERSEN, N. et BORDELEAU, Y., «Lieu de contrôle interne-externe et attribution de la causalité: vers une clarification théorique», *Revue québécoise de psychologie*, 3, 2, 1982, p. 59-69.

PLAMONDON, G. et PLAMONDON, L., «Les éléments de la crise de la retraite», dans AUMOND, M., *Éléments de gérontologie*, Montréal, Aumond Éditeur, 1982, p. 201-222.

POULIN, J.E., DE GRACE, G.R. et JOSHI, P., «La solitude chez l'adulte normal: une recension des écrits», *Revue québécoise de psychologie*, 4, 1, 1983.

PRIMEAU, F., «La psychogériatrie des années 2000: un défi médical et éthique pour la société québécoise», *L'Union médicale*, 120, 4, 1991.

PROULX, G.-B., «Management of disruptive behaviours in the cognitively impaired elderly: integrating neuropsychological behavioural approaches», dans CONN, D. *et al.* (dir.), *Psychiatric Consequences of Brain Disease in the Elderly*, Plenum Publishing Co., 1989.

RACINE, P. et JOUBERT, P., «L'évaluation et l'adaptation de pratiques auprès des personnes âgées en perte d'autonomie dans un contexte de changement», *Administration hospitalière et sociale*, XXXVI, 2, 1990.

RANDALL, D., «Santé physique et santé mentale: fondements théoriques de l'intervention», *Santé mentale au Canada*, 29, 3, 1981.

RÉGIE DE L'ASSURANCE-MALADIE DU QUÉBEC, *Statistiques annuelles*, Gouvernement du Québec, 1990.

RÉGIE DES RENTES DU QUÉBEC, *Le revenu des personnes âgées au Québec*, Québec, 1991.

RENAUD, F., *L'impact du vieillissement de la population sur l'habitat: les personnes âgées et leurs besoins résidentiels*, Société d'habitation du Québec, 1989.

RILEY, M.W., Johnson M. et FONER, A., «A sociology of age stratification», *Aging and Society*, 3, 1972.

ROBERT, J., «La sexualité en institution: le tabou des tabous», *Les cahiers des journées de formation annuelle du sanatorium Bégin*, 6, 1986, p. 45-55.

ROBIDAS, G., *La cohabitation: un mode de vie intéressant*, Département de santé communautaire, Hôtel-Dieu de Saint-Jérôme, 1990.

ROSE, A., «A current theoretical issue in social gerontology», *Middle Age and Aging*, Neugarten, 1968, p. 184-189.

ROSEMAN, L., SHULMAN, A.D. et PENMAN, R., «Support systems of widowed women in Australia», *Australian Journal of Social Issues*, 16, 1981, p. 18-31.

ROSENTHAL, C., «Kinkeeping in the family division of labour», *Journal of Marriage and the Family*, 47, 1985, p. 965-974.

ROSENTHAL, C. et MARSHALL, V., «Generational transmission of family ritual», *American Behavioural Scientist*, 31, 6, 1988.

ROSOW, I., «Statut and role change through the life cycle», *Handbook of Aging and Social Sciences*, Binstock, Shanas, 1985.

ROTTER, J.B., «Generalized expectancies for internal versus external control of reinforcement», *Psychological Monographs*, 80, 7, (Whole No. 609), 1966.

ROTTER, J.B., SEEMAN, M. et LIVERANT, S., «Internal versus external control of reinforcements: a major variable in behavior theory», dans WASHBURNE, N.F. (dir.), *Decisions, Values and Groups*, Oxford, Pergamon Press, 1962, p. 473-516.

ROWE, J.W. et KAHN, R., «Human aging: usual and successful», *Science*, 237, 1987, p. 143.

ROY, J., «Un avenir sombre ou prometteur?», *Santé et société*, 10, 3, 1988, p. 36-40.

ROY, L., «La santé des Québécois», dans *La population du Québec d'hier à demain*, Henripin, Martin éd., PUM, 1991.

SANTÉ ET BIEN-ÊTRE SOCIAL CANADA, *Puis... la porte s'est ouverte: Problèmes de santé mentale des immigrants et des réfugiés*, Ottawa, Approvisionnements et Services Canada, 1988.

SANTÉ ET BIEN-ÊTRE SOCIAL CANADA, *Le suicide au Canada*, rapport du groupe d'étude national sur le suicide au Canada, 1987.

SANTÉ ET BIEN-ÊTRE SOCIAL CANADA, *La santé mentale des Canadiens: vers un juste équilibre*, Ottawa, 1986.

SANTÉ ET BIEN-ÊTRE SOCIAL CANADA et STATISTIQUE CANADA, *La santé des Canadiens: rapport de l'Enquête Santé-Canada*, Ottawa, Approvisionnements et Services Canada, 1981.

SHAPIRO, E. et TATE, R., «The impact of a mental status score and a dementia diagnosis on mortality and institutionalization», *Journal of Aging and Health*, 3, 1, 1991.

SHAPIRO, E. et TATE, R., «Who is really at risk of institutionalization?», *The Gerontologist*, 28, 2, 1988, p. 237-245.

SHAPIRO, E. et WEBSTER, L., «Nursing home utilization patterns for all elderly Manitoba admissions», *The Gerontologist*, 24, 6, 1984, p. 610-615.

SIEGLER, I. et COSTA, P., «Health behavior relationships», dans BIRREN, J. et SCHAIE, W. (dir.), *Handbook of the Psychology of Aging*, 2ᵉ édition, New York, Van Nostrand Reinhold, 1985.

SILL, J., «Disengagement reconsidered: awareness of finitude», *The Gerontologist*, 20, 4, p. 457-462.

SMYER, M. et INTRIERI, R., «Evaluating counseling outcomes: research and practice issues», *Generations*, 14, 1, 1990, p. 11-14.

SOCIAL PLANNING COUNCIL OF OTTAWA-CARLETON, *Equality is the Issues*, Ottawa, 1988.

SOLLICITEUR GÉNÉRAL DU CANADA, «La prévention du crime: prise de conscience pratique» (rapport technique), *Le sondage canadien sur la victimisation en milieu urbain*, 1984.

STATISTIQUE CANADA, *Tables de mortalité*, 1989.

STATISTIQUE CANADA, *Enquête sur la santé et les limitations d'activité*, Canada, 1988.

STONE, L., *Aging in a Multicultural Canada: A Graphic Overview*, Ottawa, Secrétariat d'État, février 1988.

STONE, L., *Family and Friendship Ties Among Canada's Seniors*, Ottawa, Statistique Canada, 1988.

STONE, L. et FRENKEN, H., *Canada's Seniors*, Ottawa, Approvisionnements et Services Canada, 1988.

STONE, R., «Caregivers of the frail elderly: a national profile», *The Gerontologist*, 27, 5, 1987, p. 616-626.

STROEBE, M. et STROEBE, W., «Who suffers more? Sex differences in health risks of the widowed», *Psychological Bulletin*, 93, 2, 1983, p. 279-301.

STRYCKMAN, J., «Adaptation au vieillissement: un défi», *Les cahiers des journées de formation du sanatorium Bégin*, 5, 1986, p. 7-21.

STRYCKMAN, J., *Cohabitation with Peers and With Children Among the Elderly*, présenté au Congrès annuel de l'Association canadienne de gérontologie, 1982.

STRYCKMAN, J., *Mariages et mises en ménage au cours de la vieillesse*, Québec, Laboratoire de gérontologie sociale, Université Laval, 1981.

STRYCKMAN, J. et LADOUCEUR, P., *Évaluation de l'environnement et qualité de vie en institution – au-delà des normes d'agrément*, texte de conférence présenté au Congrès de l'ACFAS, Sherbrooke, 1991.

SVANBORG, A., «Aspects of aging and health in the age-interval 70-85», *Health and Aging*, 1988, présenté à l'Association canadienne de gérontologie, Victoria, 1990.

TESKI, M.P., ARCURI, A.F. et LESTER, D., «Locus of control in elderly women who have worked and those who have not», *Psychological Reports*, 46, 1304, 1980.

THÉOLIS, M., *La santé mentale des personnes âgées*, DSC De Lanaudière, 1990.

THORSON, J. et THORSON, J., «How accurate are stress scales», *Journal of Gerontological Nursing*, 12, 1, 1986, p. 24.

TOBIN, S.S., «The effects of institutionalization», *Aging, Stress and Health*, Wiley and Sons, 1991, p. 139-159.

TREMBLAY, M.-A. et POIRIER, C., «La construction culturelle de la recherche psychosociale en santé mentale: les enjeux scientifiques et sociopolitiques», *Santé mentale au Québec*, 1989, XIV, 1, p. 11-34.

VERBRUGGE, L.M., «Recent, present and future health of American adults», *American Review of Public Health*, 1989, 10, p. 333-361.

WALLON, H., *L'enfant turbulent*, Paris, F. Alcan, 1925.

WAN, T. et WEISSERT, W., «Social support networks, patient status, and institutionalization», *Research on Aging*, 3, 2, 1981, p. 240-256.

WEG, R. (dir.), *Sexuality in the Later Years*, New York, Academic Press, 1983.

WELLS, L. et al., *To Enhance the Quality of Life in Institutions: An Empowerment Model in Long-Term Care, a Partnership of Residents, Staff and Families*, Toronto, University of Toronto, 1986.

WERTHEIMER, J., «L'homme vieillissant et son environnement», *Gérontologie et société*, cahier n° 46, 1988.

WIGDOR, B., *Aging and Depression*, présenté au Congrès Vieillissement au Vingt et unième siècle, Ottawa, 1990.

WILKINS, R. et ADAMS, O.B., «Changes in the healthfulness of life of the elderly population: an empirical approach», *Revue épidémiologique et santé publique*, 35, 1987, p. 225-235.

WILKINS, R. *et al.*, «Évolution de la mortalité selon le revenu dans les régions urbaines du Canada entre 1971 et 1986», *Rapports sur la santé*, 1, 2, 1990, p. 137-174.

ZARIT, S., *Aging and Mental Disorders*, New York, Collier MacMillan Publishers, 1980.

ZAY, N., *La planification de la retraite*, Toronto et Montréal, Éditions Grosvenor, 1985.

ZUNIGA, R., «La gérontologie et le sens du temps», *Revue internationale d'action communautaire*, 1990.

Postface

Il est souvent difficile, pour le lecteur d'un rapport d'experts, d'en mesurer toute la qualité et toute l'utilisation possible. Cette réalité peut réduire les retombées positives d'un ouvrage. Aussi est-ce pour tenter de contrer, d'une certaine façon, cet effet que le Comité de la santé mentale du Québec a tenu à joindre à ce rapport deux évaluations qu'il a sollicitées de deux autres experts de la question étudiée. Elles sont l'œuvre de:

1. **Georges Aird**, psychiatre, chef de la Clinique de psychogériatrie de l'Hôpital du Sacré-Cœur à Montréal, professeur agrégé et adjoint au vice-doyen, études de premier cycle, à la Faculté de médecine de l'Université de Montréal;

2. **Daniel Thomas**, sociologue, professeur au Département des sciences sociales et de la santé de l'Université du Québec en Abitibi-Témiscamingue, ancien conseiller au programme de gérontologie du Département de santé communautaire de l'Hôpital Sainte-Justine à Montréal.

1. COMMENTAIRES DE GEORGES AIRD

Commentaires généraux

Le titre du Rapport attire d'emblée l'attention du lecteur et invite à la réflexion. «La vieillesse: voie d'avenir»: le paradoxe peut paraître à première vue énorme et cruel. «Tout prend, à mesure qu'on vieillit, l'allure du souvenir, même le présent. On se considère soi-même comme déjà passé», écrit Marcel Jouhandeau. L'espérance de vie des personnes âgées est très limitée, et leur avenir se confond souvent avec le présent qui, lui-même, se nourrit du passé. Le premier terme de l'alternative: «la vieillesse: voie d'évitement» flirte lui aussi avec le paradoxe. Qui peut éviter de vieillir, si l'on fait exception de ceux qui meurent dans la fleur de l'âge? Les paradoxes se résolvent si on se place, comme l'ont fait les auteurs du Rapport, dans une perspective sociale et non individuelle. En clair, les auteurs se demandent – et nous demandent – si la société québécoise, confrontée à un accroissement important de la population âgée, traitera les personnes âgées comme des citoyens à part entière ou si elle les laissera dériver vers une condition de plus en plus marginale.

Les auteurs présentent un vaste tableau de la vie actuelle des personnes âgées dans notre société ainsi qu'une imposante recension de la littérature sur le sujet. La bibliographie ne comporte pas moins de 221 titres. Le texte est souvent une mosaïque de citations qui apportent une masse considérable de connaissances. Le lecteur qui veut en savoir plus sur une question particulière peut facilement trouver les pistes qui orienteront ses lectures et ses recherches. Aurions-nous mieux profité d'un texte à la pensée plus homogène, à l'écriture plus personnelle? Cela reste à voir. Les étudiants actuels se retrouveront dans un texte comme celui-ci, de facture nettement nord-américaine.

Le Rapport veut informer et enseigner; plusieurs groupes trouveront profit à le lire, en particulier les étudiants de premier cycle universitaire et tous ceux et celles qui soignent et accompagnent les personnes âgées dans les centres d'accueil, les foyers privés, les services à domicile des CLSC. Le Rapport a aussi comme objectif d'influencer les décideurs, à tous les paliers décisionnels. On trouve, à la fin des divers chapitres, un total de 56 recommandations, regroupées à la fin du Rapport.

Une brève analyse des recommandations permet de constater que 33 d'entre elles s'adressent au gouvernement, à l'un de ses ministères ou à l'une de ses sociétés et de ses régies, et que 10 autres visent les régies régionales, les municipalités et les établissements du réseau socio-sanitaire (hôpitaux, CLSC, centres de jour). Au total, donc, 77 % des recommandations s'adressent aux pouvoirs publics; les autres sont destinées aux établissements d'enseignement, aux fédérations de médecins et à la fonction publique. Environ le tiers des recommandations, en excluant celles qui concernent la formation, nécessitent la création de nouvelles enveloppes budgétaires. Cela amène deux interrogations.

1. Les auteurs ont-ils trop tendance à attendre des services publics les réponses aux besoins des personnes âgées? N'y a-t-il pas là un risque d'infantiliser davantage les personnes âgées, de les rendre plus dépendantes? Les auteurs sont certes sensibles à cette question, puisqu'ils recommandent (n° 22) «que le ministère [...] s'assure de la participation des aînés dans les projets qui les concernent [...] et qu'il fasse de cette participation une condition de financement des projets». Cependant, ils auraient pu aller plus loin en proposant pour les personnes âgées un rôle plus central et plus vaste; il y a chez les aînés, particulièrement dans le groupe des 65 à 75 ans, des trésors de compétences, d'expérience et d'énergie dont notre société ne sait pas tenir compte.

2. Pourquoi les auteurs n'ont-ils pas tenté de calculer les coûts d'application de leurs recommandations (du moins les plus importantes)? Un projet de planification qui contient un calcul des coûts inhérents a nettement plus de chances d'influencer les décideurs.

Cela dit, les 56 recommandations représentent une panoplie extrêmement riche et étendue des actions à entreprendre pour améliorer le sort des personnes âgées dans notre société. Il est particulièrement remarquable que les auteurs aient accordé autant d'importance à la formation des professionnels et des divers travailleurs qui œuvrent auprès des personnes âgées, ainsi qu'à l'information auprès de la population. Ces deux objectifs sont majeurs, et leur réalisation est susceptible d'entraîner à long terme des effets multiplicateurs.

La santé mentale des personnes âgées

La notion de santé mentale

Les auteurs ont choisi de ne pas proposer une nouvelle définition de la santé mentale et d'adopter une définition descriptive dérivant de celle de l'OMS en usage dans la plupart des documents gouvernementaux. Cette définition évoque un état de bien-être physique, mental et social ainsi qu'une capacité d'adaptation et d'interaction avec l'entourage. Elle se veut non normative. Elle permet de décrire divers comportements et attitudes considérés comme les caractéristiques d'une personne en bonne santé mentale : raisonner, être en relation avec autrui, vivre et exprimer ses émotions de façon appropriée, occuper sa place dans la société, exercer son pouvoir de décision.

En choisissant de ne pas modifier la définition de la santé mentale, les auteurs ont fait l'économie d'un débat long et peut-être fastidieux. Ils ont cependant laissé de côté le domaine de la vie intrapsychique, qui se prête mal à une description comportementale. La psychanalyse a révélé, depuis plus d'un siècle, l'existence en chacun de nous de pulsions, de mécanismes de défense, de désirs, d'un surmoi, d'empreintes psychiques laissées par les expériences infantiles, par les traumatismes et les deuils, d'une structure de personnalité qui est propre à chaque individu. Cet appareil mental ne s'éteint qu'à la mort. Il porte lui aussi les stigmates du vieillissement, mais d'une façon très variable selon les individus. La psychanalyse nous a aussi appris l'existence du transfert et du contre-transfert, notions particulièrement utiles dans la clinique des personnes âgées, puisqu'elles apportent des éléments de réponse à des questions fort complexes telles que : comment être à l'aise dans notre rôle de soignant investi de pouvoirs tout-puissants auprès d'une personne âgée qui a plus de deux fois notre âge? Comment aménager nos propres angoisses de mort alors que l'on est quotidiennement confronté à la mort? Comment éviter, face aux personnes âgées, les vieux pièges que nous avons connus dans nos relations avec nos parents? Comment éviter d'infantiliser (le plus souvent inconsciemment) les personnes âgées? Comment tolérer l'impuissance face à l'inéluctable, alors que l'on a appris qu'il faut toujours trouver une solution à chaque problème? Comment éviter de glisser insidieusement dans le défaitisme, dans la dépression, dans la conviction que, puisqu'on ne peut tout résoudre, mieux vaut ne rien dire, ne rien faire?

Les troubles psychologiques des personnes âgées ont souvent leurs racines dans des événements psychiques antérieurs. Il semble que les personnes âgées qui ont perdu un parent dans l'enfance soient plus sujettes à faire une dépression à la suite d'un deuil. Les crises conjugales graves chez de vieux couples ont souvent leur source dans des événements non résolus datant de l'époque des fréquentations. Certaines personnes à la personnalité fragile parviennent à bien se débrouiller toute leur vie adulte grâce à la présence d'un conjoint plus sain, qui agit comme une sorte de contenant permettant à l'autre de ne pas se déstructurer; quand survient la mort du conjoint plus sain, l'autre se met à présenter de multiples phénomènes anxieux très difficiles à apaiser.

La clinique psychogériatrique permet aussi de constater que le vieillissement est un processus individuel, et que des individus peuvent conserver jusqu'à un âge avancé une vie psychique dynamique, capable d'opérer des changements. Douglas MacArthur, le vainqueur de la guerre du Pacifique, a voulu qu'on inscrive sur sa tombe: *Old soldiers never die, they just fade away*. Paraphrasant cette épitaphe, un psychiatre américain a dit, à propos des personnes âgées: *Old wishes never die, they don't even fade away*. Il a voulu illustrer la remarquable vitalité psychique des personnes âgées. La psychothérapie introspective permet d'aider les personnes âgées qui s'intéressent à leur vie psychique et qui sont capables d'en parler. Des prises de conscience peuvent survenir dans le contexte d'une psychothérapie, des conflits internes peuvent se résoudre, la douleur morale peut s'apaiser. Il arrive aussi que l'on puisse se réconcilier avec son passé, rétablir à l'intérieur de soi le sens de la continuité, la notion d'une histoire personnelle.

Quels sont, dans notre société, les principaux avatars de la vieillesse susceptibles de perturber la santé mentale des individus?

La solitude

La solitude est le problème dont se plaignent le plus les personnes âgées, surtout les femmes, puisqu'elles vivent presque 10 ans de plus que les hommes. Elles ont vécu toute leur vie avec un compagnon, elles ont partagé son lit pendant 30, 40 ou 50 ans, et soudain, à 75 ou à 80 ans, alors qu'elles sont plus faibles et plus vulnérables, leur compagnon meurt et elles sont brutalement confrontées à la solitude. Elles passent de longues heures sans parler à personne, elles dorment seules, plus personne ne les touche. Et pourtant, ces personnes ne sont pas abandonnées, loin de là: des études démontrent que les enfants les visitent régulièrement et qu'elles ont accès, surtout en milieu urbain, à une importante gamme de services.

Ces vieilles personnes ont été flouées, et personne ne les a prévenues de la duperie qui venait. Le contrat social a changé: partout les femmes adultes travaillent, la famille est devenue nucléaire même en milieu rural, et plus personne ne peut accueillir les vieux, qui n'ont d'autre choix que de vivre seuls. Ce n'est pas la façon dont les choses se passaient au temps de leurs parents (nos grands-parents): à la campagne, le vieux paysan cédait graduellement la ferme à un fils qui, en échange, gardait ses vieux parents à la maison jusqu'à leur décès; à la ville, une fille, le plus souvent célibataire, se «sacrifiait» et vivait auprès de ses vieux parents jusqu'à leur mort. Il n'existait pas de ressources particulières pour les personnes âgées, sauf l'hospice réservé aux plus miséreux. Il n'y avait pas pire infamie que «mourir à l'hospice».

Beaucoup de troubles dépressifs, de manifestations d'angoisse, d'inutiles appels à l'aide auprès des médecins et des services d'urgence ont pour toile de fond cette solitude qui prive les personnes âgées d'un niveau normal et nécessaire de stimulations sociales, tactiles, auditives, etc. Sans ces stimulations, les démons intérieurs se réveillent et prennent toute la place. Nous sommes des animaux sociaux et nous avons encore plus besoin de contacts sociaux continus au soir de la vie, lorsque nos forces diminuent et que le monde extérieur devient plus difficile à affronter. À 78 ans, Tolstoï écrivait dans son Journal:

> *Tout le jour, une impression stupide et triste. Vers le soir, cet état d'âme s'est transformé en désir de caresses, de tendresse. J'aurais voulu comme dans mon enfance me serrer contre un être aimant et compatissant, pleurer de douceur et être consolé... Devenir tout petit et me rapprocher de ma mère, telle que je l'imagine...*

Les deuils

Tout au long de notre vie, nous sommes confrontés à des pertes, à des séparations, à des choix qui impliquent un travail de deuil: départ de la maison familiale, perte graduelle de la jeunesse, renoncements qui découlent du choix d'une carrière, d'un compagnon de vie, etc. C'est cependant au moment de la vieillesse que les deuils sont le plus nombreux. Il est impossible de les énumérer tous; mentionnons: la perte du travail et du rôle social lors de la retraite, l'absence de projets, la diminution graduelle des forces physiques et de l'intégrité du corps, l'atteinte de l'apparence physique, la perte de l'autonomie, le décès du conjoint, de la fratrie, des contemporains et, dans le grand âge, la perte de l'histoire personnelle, puisque la personne âgée devient alors la seule survivante de son époque et que plus personne ne se souvient de ce qu'elle a fait durant sa vie.

«Ma vie a tant de deuils qu'elle n'a plus de fêtes» a dit Victor Hugo vers la fin de sa vie. Les deuils sont tellement nombreux que, souvent, les réactions, normales ou pathologiques, surviennent à retardement. Une dépression caractérisée suivra de six mois ou d'un an le décès du conjoint. Parfois aussi, les réactions sont paradoxales, presque scandaleuses: le décès d'un conjoint peut amorcer une libération, la première véritable possibilité de satisfaire les *old wishes*. Que l'on se souvienne du délicieux film *La vieille dame indigne*.

Les rituels du deuil sont présents dans toutes les sociétés et ont pour but d'amorcer le travail de deuil. Les rites religieux, les manifestations extérieures, la présence des parents et des amis, la mise en terre, tous ces gestes, souvent millénaires, sont destinés à soutenir les endeuillés, à les aider à commencer de se séparer du mort et à continuer de vivre, malgré la douleur, en s'appuyant sur la solidarité des vivants. Cependant, notre société ne semble pas croire que ces rituels sont aussi importants pour les vieilles personnes. Plus les gens sont vieux, plus les rituels du deuil sont raccourcis, quand ils ne sont pas tout simplement escamotés sous prétexte de «ne pas émouvoir inutilement grand-mère, déjà si éprouvée». Par exemple, il n'y aura pas exposition du corps de grand-père, et on ne conduira pas grand-mère au cimetière pour la mise en terre du corps de son mari. On prive ainsi grand-mère d'étapes essentielles dans le travail de deuil et on augmente la probabilité d'un deuil mal résolu.

Le détachement, le désenchantement

Le 25 mai 1925, Sigmund Freud, alors âgé de 69 ans et souffrant d'un cancer de la bouche, écrivait à Lou Andréas-Salomé: «Une carapace d'insensibilité se forme lentement autour de moi; je le constate sans m'en plaindre. C'est une évolution naturelle, une façon de commencer à devenir inorganique». «Il est temps que je désemplisse le monde» a dit Victor Hugo peu de temps avant de mourir. Tous les cliniciens ont vu des personnes âgées qui, tout à coup, sans raison apparente, sans maladie particulière, réduisent leurs activités, s'alimentent moins, se mettent au lit, et meurent quelques jours ou quelques semaines plus tard. Chez plusieurs vieux couples, le décès de l'un suit de quelques jours ou de quelques semaines le décès de l'autre. Souvent, ce destin a été prévu: «si tu meurs avant moi, je ne te survivrai pas».

Les liens vitaux sont affaiblis ou brisés: les êtres chers sont partis, les uns après les autres. Il n'y a plus d'activité valorisante, plus de projets. L'histoire personnelle s'est estompée, n'a plus d'intérêt pour personne. «Je passe mon temps dans ma berceuse, devant mon horloge, à regarder passer les heures», me disait une vieille dame, «plus rien d'autre ne m'intéresse». Elle avait été récemment déracinée de son village pour venir demeurer près de ses enfants en ville, et elle voyait venir le transfert en établissement. Elle s'est suicidée quelques semaines plus tard. Plusieurs personnes âgées affirment que le seul motif qui les empêche de se suicider est la crainte de peiner les êtres qui les entourent.

De telles histoires confrontent durement les médecins, les professionnels, les familles. Il est difficile d'admettre que la bonne volonté, les bonnes intentions, les bonnes attitudes professionnelles n'arrivent pas toujours à infléchir le cours des événements.

La formation

Revenons sur l'importance de la formation, puisque là se trouve le message le plus important du Rapport. Il serait bien dommage que, au moment où les services aux personnes âgées s'accroissent d'année en année, on néglige la formation des diverses personnes chargées d'offrir ces services. Il est de plus en plus question de contrôle de la qualité et de qualité totale dans le réseau des services sociosanitaires: il faut convaincre les gestionnaires et les décideurs que la qualité des services est étroitement liée à la qualité du personnel. On accuse souvent le débordement des services (par exemple dans les salles d'urgence et les cliniques externes des hôpitaux) pour justifier le fait que les personnes âgées n'y sont pas traitées avec toute l'attention nécessaire. On oublie que, très souvent, les personnes âgées sont ostracisées a priori, avant même de poser le pied (ou la roue de civière) à l'hôpital: ce sont des «bloqueurs de lits»; il faut par tous les moyens éviter de les admettre à l'hôpital. Trop fréquemment, on ne prend le temps ni de leur parler, ni de les écouter, ni de les examiner consciencieusement, comme on le ferait pour un jeune adulte. On ne se rend pas compte qu'il faut agir différemment: prendre un peu plus de temps pour questionner, tenir compte des déficits sensoriels et cognitifs, apaiser la peur de l'inconnu, éviter les situations humiliantes et dégradantes (spectacle de la nudité, de l'incontinence). Et surtout, agir avec ces bonnes vieilles qualités que sont la politesse et le respect.

La formation est essentielle: formation adéquate au sein des curriculum scolaires, collégiaux et universitaires, et aussi formation en cours d'emploi, si possible sur les lieux mêmes du travail. Nous ne pouvons courir le risque de jouer aux apprentis sorciers. Il faut investir dans la formation les énergies et les sommes nécessaires: c'est la meilleure façon d'éviter que la vieillesse ne devienne une «voie d'évitement».

Georges Aird, psychiatre

LECTURES SUGGÉRÉES: un précis, un essai, un roman

1. SIMEONE, Italo et ABRAHAM, Georges *et al.*, *Introduction à la psychogériatrie*, Éditions Masson, 1984.

    Deux psychiatres et psychanalystes de Genève ont dirigé la rédaction de ce précis et en ont eux-mêmes rédigé plusieurs chapitres. Les troubles psychologiques de la vieillesse y sont décrits dans une perspective psychodynamique, et tous les professionnels œuvrant en psychiatrie clinique auprès des personnes âgées y trouveront leur profit.

2. BEAUVOIR, Simone de, *La vieillesse*, Éditions Gallimard, 1970.

    Simone de Beauvoir venait de franchir le cap de la soixantaine lorsqu'elle a écrit cet essai. La vieillesse y est présentée sans aucune complaisance, avec une froide lucidité. On y trouve une masse considérable de données ethnologiques, sociologiques, historiques et littéraires.

3. SACKVILLE-WEST, Vita, *Toute passion abolie*, Éditions Salvy, 1991.

    Un roman particulièrement émouvant écrit en 1931 par une grande dame de la littérature anglaise, amie de Virginia Woolf, membre du groupe de Bloomsbury. L'héroïne est une aristocrate qui, à plus de quatre-vingts ans, à la suite du décès de son mari, réorganise sa vie, se fait de nouveaux amis et jette un regard critique sur son passé, avec une liberté d'esprit que seule la vieillesse peut donner. Ce roman vient d'être traduit. On peut aussi lire le texte original sous le titre *All Passion Spent*.

2. *COMMENTAIRES DE DANIEL THOMAS*

Les auteurs de ce document ont relevé un défi considérable. Ils devaient produire un rapport sur le thème du vieillissement et de la santé mentale, dans le but de proposer des recommandations axées sur la promotion de la santé et la prévention des problèmes. Ils ont adopté une voie originale qui consiste non seulement à faire état de la documentation scientifique et à consulter des professionnels, mais aussi à rencontrer plusieurs groupes de personnes âgées afin de connaître leurs préoccupations. L'entreprise était vaste et sûrement parsemée d'embûches. Au terme de leurs travaux, ils soumettent un document qui présente plusieurs qualités et pose des jalons intéressants.

Autrefois qualifié d'âge d'or, le vieil âge est maintenant devenu la période des problèmes, des pertes et des crises. Cette transformation est liée au développement de connaissances et d'interventions professionnelles à l'égard des aînés. Mais plutôt que d'insister sur les ruptures qui surviennent à cette période de la vie, les auteurs ont opté pour une perspective qui met l'accent sur la continuité du développement psychologique des adultes. Ce choix est le point d'appui de leurs recommandations relatives à la promotion de la santé mentale.

Dans ce document, rédigé dans un style simple et accessible à tous, les auteurs couvrent le vaste éventail des éléments reliés à la promotion de la santé et à la prévention des problèmes (par exemple, le revenu et le logement). Leurs recommandations rejoignent ces deux préoccupations majeures et instaurent entre elles un certain équilibre.

On doit reconnaître qu'il est encore très difficile d'aborder de façon pratique la santé mentale des personnes âgées sous l'angle de la promotion et de la prévention. Il s'agit de perspectives plus récentes que celle des soins aux personnes âgées et qui occupent une place très marginale dans les pratiques actuelles.

La prévention est une notion très populaire, mais également très élastique. Elle va de la prévention de problèmes particuliers – en diminuant les facteurs de risque lorsque ceux-ci sont connus ou en augmentant les facteurs de protection qui réduisent la susceptibilité à la maladie – jusqu'à la réadaptation qui réduit les incapacités et peut prévenir les handicaps. Dans cette perspective, on cherche à reconnaître les signes précurseurs des problèmes qui sont fondamentalement différents des problèmes de la vie quotidienne et qui sont définis par un diagnostic professionnel, afin d'intervenir le plus précocement possible.

La promotion de la santé est un concept qui se situe, pour ainsi dire, en amont de celui de la prévention. Les auteurs reprennent les termes de l'Organisation mondiale de la santé, selon laquelle la promotion de la santé consiste à habiliter les individus et les communautés à accroître leur contrôle sur les déterminants de la santé et, de ce fait, à améliorer leur santé[1]. Ainsi conçue, la promotion de la santé est un processus qui concerne l'ensemble de la population dans le contexte de la vie quotidienne et qui n'est donc pas dirigé vers des individus ou des groupes sélectionnés. Par conséquent, les professionnels doivent travailler avec les individus, et non sur eux. Elle met l'accent sur les dimensions positives de la santé et concerne plusieurs secteurs de la société et de l'environnement. Ses actions sont dirigées vers le développement d'habiletés de vie et de compétences individuelles et vers l'environnement sociopolitique pertinent. En bref, la promotion de la santé consiste à rendre les choix liés à la santé plus faciles à accomplir. Dans cette perspective, les actions visent l'amélioration de la qualité de vie par des modifications sur les plans individuel et sociopolitique.

Souvent, les professionnels, que séparent habituellement la formation professionnelle et le lieu de travail, choisissent l'une ou l'autre perspective. Les auteurs du rapport n'effectuent pas ce choix forcé, mais ils intègrent ces deux modèles d'intervention dans leurs recommandations. Il est souhaitable que cette intégration se répercute dans les pratiques, professionnelles ou non, des personnes qui travaillent auprès des personnes âgées. À cet égard, plusieurs des recommandations de ce rapport qui s'adressent à certaines catégories professionnelles, comme les médecins et les spécialistes en psychogériatrie, devraient s'étendre à l'ensemble du personnel qui travaille dans ce domaine.

Le développement des connaissances dans le domaine de la psychologie du vieillissement justifie probablement le plaidoyer des auteurs pour l'intégration d'une formation psychologique plus complète à la formation générale des professionnels. Cette formation porte sur l'acquisition de connaissances et le développement d'attitudes et d'habiletés plus adéquates.

On doit cependant éviter de faire reposer principalement sur les professionnels et sur l'absence de formations intégrées les carences du système de soins en matière de santé mentale. La qualité de l'environnement en établissement ne peut être réduite à la compétence du personnel qui y travaille. Ce milieu n'est pas exempt de luttes de pouvoir qui ont généralement pour effets d'alimenter chez les patients l'apathie, le manque d'intérêt et d'initiatives, l'absence de perspectives et la dété-

---

1. NUTBEAM, D., « Health promotion glossary », *Health Promotion*, 1986, 1, 1, p. 113-127.

rioration des habitudes personnelles. C'est la raison pour laquelle l'amélioration des interactions entre les individus et leur environnement passe non seulement par une formation professionnelle plus adéquate, mais aussi par un accroissement de la compétence des personnes vieillissantes à intervenir sur leur propre vie et à participer aux débats sociaux. L'amélioration de ces compétences devrait permettre aux individus d'être bien grâce à des actions sur des éléments favorables à leur santé, de faire face à des problèmes particuliers qui sont surtout liés au déroulement du cycle de la vie et de s'organiser dans des actions communes pour modifier leur environnement sociopolitique. Souvent, le défi majeur est d'apporter un soutien et une aide aux individus qui traversent des crises difficiles, sans pour autant définir ni structurer leurs problèmes d'une façon qui accroît leurs incapacités.

D'ailleurs, quelques recommandations du Rapport concernent les niveaux intermédiaires de l'administration publique (municipalités, commissions scolaires). Elles sont intéressantes à un double titre : d'abord parce qu'elles élargissent l'éventail des acteurs politiques concernés par le vieillissement de la population ; ensuite parce qu'il s'agit de niveaux administratifs plus décentralisés et dans lesquels la représentation politique joue un rôle important. Il ne s'agit pas d'une panacée, puisque la participation comporte ses incohérences et ses effets pervers. Elles permettent cependant d'étendre les préoccupations relatives au vieillissement de la population à de nouveaux domaines.

Les auteurs ont privilégié les perspectives de promotion de la santé et de prévention des problèmes. En ce qui concerne cette dernière, ils ont surtout retenu le problème de démence, dont la fréquence dans la population et la gravité, tant pour la personne atteinte que pour ses proches, sont incontestables. Mais ils ont aussi plaidé en faveur d'un large éventail de services nécessaires à la constitution d'un véritable réseau de services de santé mentale qui prendrait en considération les besoins des personnes âgées.

En ce qui a trait à la promotion de la santé, il n'y a pas dans ce domaine de modèles irréfutables ni d'indicateurs précis et incontestables de l'état de la situation actuelle. Les auteurs ont parfois recours à quelques indicateurs de santé, mais ce sont des balises modestes qui suscitent beaucoup plus de questions qu'elles n'en résolvent.

On sait, par exemple, qu'il y a une prévalence élevée de problèmes de santé physiques et chroniques parmi la population âgée ; cela amène à se demander ce qu'est un fonctionnement normal chez les vieillards, et dans quelle mesure ces difficultés chroniques conduisent à des incapacités et sont invalidantes. Le modèle du déclin progressif est insuffisant pour déterminer ce qui est «normal» au vieil âge. Même si la vieillesse est la phase la plus négligée du cycle de vie dans les sciences du comportement, il apparaît que les liens entre les modifications physiques et les comportements sont très lâches. Dans la perspective d'une adaptation continue aux crises successives et d'un développement personnel, l'accent peut être mis sur les processus de soutien social et sur les stratégies d'adaptation et de défense; il peut aussi porter sur la conception des personnes âgées elles-mêmes à l'égard des désordres psychologiques. Les troubles de fonctionnement psychologiques sont examinés dans une perspective de développement de la personnalité, mais ils peuvent aussi être situés dans une perspective historique ou sociale et tenir compte de l'émergence de nouveaux modèles culturels en matière de vieillissement.

Ce Rapport est surtout orienté vers l'adoption d'initiatives ou de politiques publiques destinées à relever le défi du vieillissement de la population. À cet égard, les recommandations ont l'avantage d'identifier clairement l'interlocuteur visé. Cependant, on peut déplorer que les organismes communautaires, qui jouent parfois un rôle novateur essentiel dans la promotion de la santé mentale, ne soient pas mieux desservis par ces recommandations. Ceux-ci peuvent développer des programmes axés sur la santé sur le plan individuel et collectif ou permettre aux individus de développer leur créativité, d'élargir l'éventail de leurs choix, de mieux agir sur leur environnement. Ils peuvent favoriser le développement de stratégies de résolution de problèmes non professionnelles et qui n'entraînent pas de dépendance.

La mise en œuvre d'initiatives soutenues de promotion de la santé mentale et de prévention des problèmes d'une population vieillissante représente un défi immense. Elle implique une nouvelle définition de nos priorités et peut-être un renversement de nos perspectives actuelles. Ce document propose de nouvelles avenues qui reposent sur les potentialités des individus concernés par leur vieillissement, sur celles des professionnels qui interviennent auprès d'eux et sur celles des organismes publics. Souhaitons qu'ils contribuent à leur tour au développement des initiatives en santé mentale.

Daniel Thomas, sociologue

Fondation "Voie d'avenir"

Fond "Bien Vieillir"

Achevé d'imprimer
en novembre 1992 sur les presses
des Ateliers Graphiques Marc Veilleux Inc.
Cap-Saint-Ignace, Qué.